后浪

小学堂025

読書は 1 冊のノートに
まとめなさい

如何有效阅读一本书

超实用笔记读书法

［日］奥野宣之 著 张晶晶 译

Okuno Nobuyuki

江西人民出版社
Jiangxi People's Publishing House
全 国 百 佳 出 版 社

关于完全版的发行

本书是《如何有效阅读一本书》（2008年版）的修订版。这次修订的完全版添加了旧版中没有介绍的全新读书技巧和活用读书笔记的具体案例，并对全部文章进行了改编，使之更加浅显易懂。

读书是一门艺术

生活中的很多事情，我们每天做起来都觉得理所当然，在不知不觉之间变得熟练，比如睡觉和走路，虽然并不需要什么专业技能，但对新生儿和幼儿来讲还是会有些陌生。经过漫长的生活实践，人们才能做到在感到困乏的时候主动去睡觉，在走路的时候尝试避免摔跤与疲劳的方法。就算成年以后，我们仍然在日常生活中不断进行这些方面的练习。

而我的读书之路，也是这样日益精进的。

本书第一版出版后，我坚持用这种新鲜出炉的方法读书。虽然读书成果暂时没有多少变化，但因为每天都在练习、积累，我不知不觉掌握了更多读书技巧。在这本修订版中，我就把这些刚收获的读书技巧也写进了书里。

另外，旧版因为版面上的限制，无法介绍读书笔记的具体记法和活用笔记的事例，因此相关内容介绍得有些抽象，大概只有常做读书笔记的人才更容易看懂。这一点在完全版中得到了改善。

除了在读书方法方面做了改进，我还以亲身体验为例，把因为笔记而丰富的读书生活尽可能具体地描绘了出来。

在读者们对旧版的诸多反响中，最多的就是"虽然介绍的方法并没有给人耳目一新的感觉，但实践以后发现效果很是惊人"。就连几十年如一日地读书的书迷也来信表示："读过以后，竟然发现我此前在读书方法上还是没有下足功夫。"

总结大家的感想，我觉得这本书的作用如下。

功夫不负有心人

本书出版以后，笔者也深深地体会到了这个道理。

我们都经历过小学阶段，都知道写汉字要经过反复练习才会熟能生巧，同一道计算题要做几百遍才能记住算法，"小九九"和各种公式也需要多背几遍才能烂熟于心。但我们长大成人后，却再也做不到这样刻苦。在这个做事方便快捷的年代，只要轻点几下智能手机，就可以将信息记录下来，有很多人甚至懒得通过这些高科技手段做个简单的记录。

虽然我们每个人都多少有些懒惰的倾向，但我还是觉得要坚信"功夫不负有心人"这个真理。举个例子，假设将一篇文章抄在笔记本上需要花三十分钟时间，而用智能手机拍张照片或扫描成纯文字文档却只要一分钟，想抄写的文字就能被永久地保存下来。

那么，只要使用智能手机，读书效率就能提高三十倍吗？我想不是的。

即使你用手机拍照，花三十分钟保存了三十本书的信息，也不如花三十分钟抄写一本书的内容有效率。这是我分别实践过两种方法后得出的结论。

无论在手机里保存多少本书，书里的内容都不会被保存在脑子里。用这本书的关键词来比喻的话，就是这些内容既不能**融入你的身心**，也不能**变成你无形的财富**。与此相反，尽管抄完全书也不一定能记住全部内容，但某段文章、某个词、作者的语气和思想等等，都会随着抄写时的身体感觉被深深地刻印在头脑和身体里。

也许你会觉得这种想法很过时。我们暂且放下是否喜欢手写的问题，单就"写读书笔记的效果"来讲，这个结论是毋庸置疑的。

在这里，我们不要顾虑那些技巧性的东西，先放松心态，什么都不要想，拿起书开始阅读吧。我衷心地期待看过这本书后，你的读书生活会更加丰富多彩。

前　言

"一味读下去"等于没有读过

至今为止，你读过那么多书，到底记住了多少内容呢？

如果有人问你最喜欢哪本书，你也许能回答对方一个书名，说"我还是学生的时候读过这本书，它对我有很大的帮助"，而当对方问起下面的问题，你会怎样回答呢？

· 这本书讲了什么内容？

· 你最喜欢书的哪一部分？

· 这本书对你有什么影响？

· 它的优点又在哪里？

再认真回想一下，你会发现读书确实是件很难的事情。

人的记忆力是有限的，回想不起具体内容也情有可原，但是，你读书时有没有留下些随笔或者笔记呢？除了读书，做其他事的时候你有这样的习惯吗？

"我以前读过这本书，但已经不记得里面的内容了……"

我的记忆力不太好，对亲身经历或是旁观过的事和物，印象自然会深刻，但对人名、地名或是读过的文章，就算看多少遍都容易遗忘，读过的书亦是如此。所以我很久以前就意识到了自己在这方面的缺点：我记不得书里的内容，也不太能理解书里的内容。

明明读过了却什么也没记住，这不就跟没读过一样吗？

"虽然是本好书，但是读过以后没什么深刻的感受。"

"刚读完书，却觉得已经快要忘记书里讲过什么了。"

"我读过的书都要堆成山了，可从来没派上过用场。"

我以前经常像这样烦恼着，迷茫着。我想不管是谁，都有过这样的想法，可有时候我们也会这样想："读完以后并不是完全记不住，书中的精髓一定会对我产生影响。"

很多人都会这样想：100%的内容只要记得住1%或2%就好了，至于剩下的那99%，反正已经在脑子里过了一遍，以后用到的时候自然会想起来的。到时候灵光一现，就能想起大概来，"说到这个，我以前好像在书里读到过""我觉得我好像听说过这件事"。

但是，人类是健忘的生物，就连昨天吃过的饭都需要认真回忆才能想起来。我们有什么理由去相信自己可以"理解书的精髓"呢？

而且，我们看书并不是为了只记住其中1%或2%，那样效率未免太差了。花钱买下一本书后，你一定更希望记住100%或是90%的内容，最起码也要记住10%~30%左右。

读书的时候，我就会不自觉地想："所谓'理解精髓就好'只是个美好的愿望，那是机会主义者让自己更安心的理由。"而且，长期读书的人就算认真读过某本书，也会因为要继续接触很多书籍，最后连之前的书的1%~2%都没有记住。

只是这样读过，就等于没有读过。如果只是用眼睛看过，而不是记在脑子里，读再多的书也没有用。

掌握吸收的技能

那么，怎样才能做到不只"读过"，还把读过的书记在脑子里呢？

　　我们应该让自己读过的书物尽其用，尽量让自己不忘记书的内容，使之融入自己的身心。我们也要尽量将书中的信息应用到自己的生活中，在享受读书的过程中塑造自我。

　　为了达到这个目的，具体应该做些什么呢？本书就是为了回答这样的问题而存在的。

　　一直以来，书店里关于读书方法的书层出不穷。多读、速读、乱读、列读、慢读……各种书里介绍的方法论形形色色，但不管是哪种方法，都有一个共同的道理，这个道理也是我们最需要铭记于心的关于读书的基本目标：

　　读完每一本书，都能有扎实的收获。

　　至于一个月能读很多书、读一本书只用几十分钟这样的能力，在这个目标前都是苍白无力的。

　　读一本书时要把书里的内容记在脑中，这样在几年后甚至几十年后，这些内容也还能继续发酵，还会因为目前正在经历的事情而被重新回忆起来，让人们再受到一次感动，甚至还想再读一次那本书。如果能像这样与一本书来一次"深刻交流"，那就再理想不过了。

　　达到这个目标以后，再去训练更快的读书速度，或是买大量书一口气读完，或是锻炼严密的逻辑思考能力，都为时不晚。

从现在开始，**认真选择每一本能满足自己需求的书，然后真挚地与每一本书对话，努力从书中学到知识吧。**

这才是聪明人的读书方法。

如果只是想记住读过的信息，你可以多读几遍，或是靠大声读书来加深印象；如果想在短时间内获取更多的信息，你可以学习一目十行的速读法。但是，这些阅读技巧都有一定的难度。即使付出高额的学费参加读书讲座，能够做到的人也少之又少。

本书介绍的读书方法并不是多么与众不同的读书技巧。这些方法不依靠最新的脑科学，不依靠肉体锻炼，无论是谁都可以做到。而且，通过这些方法，我们可以立刻与手中的书建立起紧密的联系，能够真正地阅读。

本书要教你的并不是单纯记忆书中的内容，而是**把书中的知识转化为"智慧"，并得心应手地运用。**也许你会觉得我这么说有些夸张，但只要能应用这种最基本、最简单的读书方法，你也可以真切地感受到这种效果。

通过做笔记吸取书中营养

之所以说这种方法很简单，是因为你只需要准备一本笔记本。一本随处可见的笔记本可以帮你找到想读的书，辅助你的阅读，记录你阅读中的发现，或是回忆过去读过的内容。一本笔记本可以把读书生活的点点滴滴管理得井井有条。

就是这么简单。概括来说，需要记录的就是这些：

· **要买什么书**

· **要注意书中的哪个部分**

· **想到了什么**

把以上几个问题写在笔记本上，然后保存起来，时常拿出来看看，慢慢养成习惯。这看起来是件很简单的事情，但很少有人能真正做到。只要坚持下去，觉得自己"记忆力不好"的人也能准确地记住书中的内容，而"想要再读一遍那段文字"的人也可以迅速找到喜欢的段落。

笔记本是读书的助手，可以把读到的信息以准确的形式转变为你思想中的一部分。多读法和速读法也许也能达到这种效果，但这种读书方法很复杂，如果你坚持不下去，就好好利用笔记本，认真地与每一本书交流吧。

不过分强迫自己，按照习惯的节奏来读书，从买书到读书，再到活用信息，一步一步地让你"与书共处"的关系更加亲密。要做到这一切，你只需要一本随处可见的笔记本。你的读书生活会因它而发生翻天覆地的改变，从而更有意义。

目 录

第一章

用笔记管理读书生活

人与书关系的改变者

本书中提到的笔记，用的其实就是在便利店或文具店里随处可见的笔记本。利用这种普通笔记本，就可以实现这几个不普通的目标：

- 读书不再是"随随便便"地读，而是带着明确的目的、充满主动性地去读
- 真正消化书中的信息，使之成为属于自己的东西
- 深入理解书中的要点或思想，并随时拿来参考

说得再简单一点，学会了怎样利用笔记，就能比现在更懂得如何**选书、购书、读书**和**活用**。那么怎样利用笔记，才能将读过的内容吸收为自己的东西呢？接下来，就让我介绍一下具体方法。

为了让读书成为一次更美好的**阅读经历**，仅仅"读过"是远远不够的。在读书生活中，除了要改变读书方法，还有必要在如何选书、购书、活用——也就是如何"**与书相处**"方面做全面的改善。

也许你买了很多不需要的书，堆积成山；也许你怎么也

想不起来以前读过一本怎样的书、书里有什么名言；也许你无法理解、吸收书里的内容，这些问题都可以通过做笔记来改善。

本书所讲的读书方法包括以下四方面内容（图1-1）：

- **如何选书**：怎样选择自己真正想读的书
- **如何购书**：怎样买到对自己真正有益的书
- **如何读书**：怎样加深理解、深入思考
- **如何活用**：怎样运用从书中获得的知识

在这样的过程后，书里的内容才会真正成为自己的东西。

看到这里，你会不会觉得我是在要求你"把所有的事情记在笔记本上"呢？其实并没有那么麻烦。举个例子，接下来我会提到把想买的书记在"购书清单"上、把读后

图1-1　用笔记来管理读书生活

感总结在"读书笔记"里等等的具体做法，你会发现这些都是大多数人平时就在有意无意中做的事情。

而本书的作用也正是如此：指导你用好笔记，经过规划、梳理，学习怎样选书、怎样读书和怎样把书中的内容刻在脑海里并加以活用，然后把这些做法转化为**实用**、**可持续**、**属于自己**的技巧。

让笔记成为读书时的好伙伴

接下来，就由我介绍笔记的使用方法，大体可以分为以下四种：

① **随想笔记**：记下平时的感悟，这与日后的选书息息相关。

跟书有关系的信息就隐藏在日常生活中的各种情境里。看电视、跟朋友聊天、走在街上触景生情的时候，都是灵感闪现的好机会：

"啊，有没有这种题材的书呢？"

"好像以前有本书，我特别想读读看。"

"我感觉读读那本书能帮我解决眼下的问题。"

你有没有经历过这种情况呢？捡起这些日常中闪现的点点滴滴，积累在笔记本里吧。**不需要对这些信息进行分类整理，只要按照时间顺序将它们排列在笔记本上就够了。**

② **购书清单**：找到真正想读的书。

这份清单是用来在书店"指名"购书的。通过电视广告、书评报道、书里的推荐板块或者朋友的推荐而得知的书名，都可以记在笔记里。

也许你会觉得漫无目的地在书店找书更有乐趣，但我相信你也有过在不知不觉中被包装过度的广告词迷惑的时候，也会与自己的意志背道而驰，冲动地买下流行书或畅销书。

如果带上这份清单，去书店的时候就不会再犹豫不决，可以直接按照自己的需求，**主动地选择书籍了。**

③ **各种报道的剪报**：尽情收录感兴趣的内容。

除了报纸和杂志上的书评以外，出版社和书店发布的信息、与书相关的作家或名人的采访、夹在各类丛书里的出版社广告等等，都有可能藏着好书。只要是引起你注意的内容，最好都剪下来贴在笔记本上。

如果在剪报中看到一本书，觉得"我一定要读这本"，可以在剪贴好的基础上在②中提到的购书清单里写上这本书的书名。

剪报积累两三页左右后就要翻回去重新看一遍，在觉得有意思的内容下画线、标注重点。这样做的话，在下面这些时候就可以拿来参考了：

"这篇采访提到了一本书，我很想读。"

"这门学问看上去很难懂，我先找找同领域的入门书吧。"

"以前总觉得这本书读不读都无所谓，现在仔细想想，那其实是本非常重要的书。"

像我就不只会剪下新出刊物上刊登的信息，还会翻看过去已经读过的某些书和偶尔刊登在报纸上的书评连载，比如"我喜欢的书""发现名著"专栏，把上面的介绍也做成剪报。日后再读这些剪报的时候，不仅能找到再读一遍某本书的契机，还能回想起书中忘却已久的描述。经历过很多事情以后，再用成熟的眼光去看这些内容，会发现自己有了不同的感悟，过去看不懂、想不通的内容似乎也能理解得更深刻了。

④ **读书笔记**：将读后感转变成文字保存下来。

读完一本书以后，可以在笔记本上做做摘抄、写写读后感，或是在上面贴一些象征这次读书体验的小物件，将这次读书体验封存在笔记本里，就当这本笔记本是记录自己真实体验的"旅行日记""冒险日记"。

这样做其实就是在为自己留下证明自己读过这本书的证据。而且通过在笔记本上记录的过程，你也可以加深对书的理解，使写下的内容更容易融入自己的身心，促使你把一本书切实地转变为自己的无形财富。

这就像记日记一样，最重要的是坚持下去。只要用本书中的方法，就能更脚踏实地地阅读喜欢的书，而读不怎么喜欢的书的时候，也会变得更加轻松。

那么，怎样才能像我说的那样，把读书体验转变为无形的财富呢？

首先，请准备一本全新的笔记本和几支笔。就是这么简单。至于其他方便的辅助文具，我会在后面一一介绍。如果想在笔记本上附加一些内容，也可以准备便利贴等用品。从准备找书到阅读结束，这本笔记本都可以派上用场。也就是说，**笔记本即将成为你读书生活的好搭档。**

在这样一本笔记本里，不只可以写读书笔记，还可以记下日常生活中所有在脑中一闪而过的内容。用同一本笔记管理所有信息，可以从日常生活中的记录、随手记下的感想和新闻报道等内容中获得灵感，找到更多想读的书（见图1-2）。

另外，写读书笔记的时候，还可以参考笔记本里的书评、相关主题报道和过去写过的感想，一连串的思考能更好地让自己完成思想上的飞跃。举个例子，读过一本关于相亲的书以后，在写读书笔记时可以参考一个月前做的少子和老龄化相关的剪报。读完剪报中的画线部分，再去翻看这

　　图片上是我去北海道出差时记录下的心得体会。我剪下了观光宣传册中的内容，写下了当时的所感所想。如果记录的内容除了读书笔记还有日常生活中的很多体验和感想，会更有助于拓宽你的涉猎面。

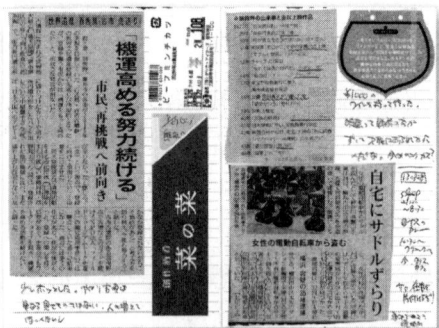

　　日常生活中的一些小细节，虽然不是像旅行那样特别的体验，同样可以作为资料贴在笔记里。当时的生活状况、关注点和感想等等，都可以成为读书的背景信息，让读书笔记不只是个数据库。

图1-2　寻找灵感的笔记

本书里关于少子和老龄化的部分，可能会发现之前粗略读过的部分中竟然隐藏着如此重要的内容。在返回重读的过程中，读书效率得到了显著的提高。

我们不可能预测出**"怎样才能遇到想读的书"**，所以**不要去分类，直接把信息都罗列在笔记本上反而更好**。就这样，一本笔记既可以是读书笔记，也可以是剪报本，还可以是创意随笔。

不管是工作还是娱乐，这些体验都与读书紧密联系，而读书也与这些体验息息相关。因此，任何内容都不能被归类为"与读书无关"。你读完这本书，就能理解这是怎么回事了。

只要坚持就一定会有效

很多人会觉得手写读书笔记是件很麻烦的事情。我也怕麻烦，但是有句老话叫**"好记性不如烂笔头"**。这就好比坐缆车和辛苦攀爬，虽然同样是到达山顶的方式，但一路上看到的风景必然是不一样的。只有付出了精力与时间，才能得到更多的回报。

　　这种亲手写下摘要和读后感的过程也绝不是简单的"流水账式操作"，写完就可以扔掉了。这些宝贵的内容，正是**将来总有一天你能用到的知识储备。**

　　思考让人如同置身于迷雾之中。此时此刻想到的新点子，下一秒可能就烟消云散了。如果不好好做记录，恐怕就再也想不起曾经闪现的想法了。但只要把这些想法写下来、保存在纸上，就等于把迷雾装进塑料袋紧紧扎好。将这些新鲜的想法打包以后，再过多久都不会轻易遗忘（见图1–3）。

　　把灵感记录在纸上，让思考书面化，让灵感脱离之前

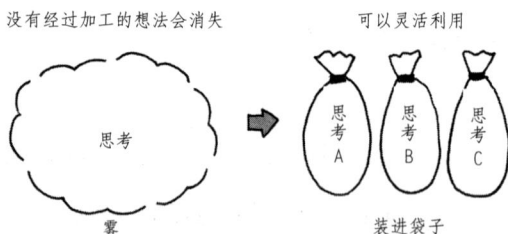

没有经过加工的想法会消失　　　　可以灵活利用

思考

雾　　　　　　　　　　　　　　装进袋子

思考A　思考B　思考C

图1-3　书面化的思考更便于利用

的抽象状态，会更容易将其理解消化，也能促使你把灵感用作创意材料，想用的时候就能**信手拈来**。

　　写文章、制作企划书或是整理提案的时候，可以翻开笔记找到曾经记下的书籍、文章和自己当时的视角、思考，让这些内容助自己一臂之力。有些时候，这些内容甚至是醍醐灌顶的灵药。这本笔记不只是为你提供便利，还能让过去的读书体验更有意义，让读书生活更加快乐。

通过笔记养成良好的读书习惯

　　坚持写读书笔记需要遵守三个窍门。

① 养成习惯
　　如果坚持睡前刷牙的习惯，哪天突然不刷牙了会觉得非常难受。做读书笔记也是这个道理。

② 放大读书笔记的作用

"无须重读整本书，在读书笔记里就能轻松找到喜欢的摘抄。"

"很久以前做过的读书笔记帮我找到了这次创意的主题。"

"多亏读书笔记，才有了今天的我。"

只要实际体会到这些，你一定也会爱上读书笔记。做读书笔记看起来是件费时费力的事，但从结果来看，这种读书方法最有效率，反而能节省很多时间和精力。

③ 创造别具一格的记录方式

为了让读书笔记更方便自己使用、坚持，在记录的过程中也应该时刻改进做笔记的方法。从寻找自己习惯使用的笔记本到研究做笔记的方法，再到收集笔迹不同的钢笔或铅笔，都是树立自己风格的崭新一步。总之，要让做笔记这件事成为自己的习惯。如果在做笔记的过程中感觉很疲劳，创造自己的方式可以激发做笔记的动力，而充足的准备也会让人对笔记本充满留恋。

完善购书、读书和活用的方式

首先，改变你的读书环境吧。只需要一点改变，**更好的读书体验便可以成就全新的自己。**

就像我之前讲的，本书介绍的读书方法的目的并不是让你一味读得更快、更多，而是认真消化书中内容，使之对自己有益。阅读不仅是读书，还要掌握有效率、有主见地选书和购书的方法，更要多阅读、多参考那些记录自己无数感触的读书笔记，并且能够灵活运用其中的内容。

选书、购书、读书和活用才是读书的完整流程，只有做好这四个步骤，才能让书中的内容融入自己的思想。让小小的笔记本在各种情况中物尽其用，参与读书管理的每一个环节，就能更有效率地管理购书、读书和活用的流程。

那么，让我们从"与书相处"的几个阶段开始计划吧。

一般来讲，除了图书馆借书和友人赠送这两种特殊情况，读一本书要经过以下三个步骤：

① 购书：在实体店或网店购买喜欢的书

② 读书：普通的读书过程

③ 归档：读后将书归类的过程

与此相对，本书将读书分为以下五个阶段：

① **选书**——收集日常生活中所有与书相关的信息，记录想读和需要读的书，这样做可以减少与内容乏味、自己不感兴趣的书的接触，提高选书的"命中率"（见第二章）。

② **购书**——根据自己的需要，检查书籍本身是不是像笔记里写的那样值得购买（见第二章）。

③ **读书**——在读的过程中，做好写读书笔记的准备。将重要的部分按以下等级提炼出来："让我颇有感触的部分""纠结要不要做记号的部分""做了记号的部分""要摘抄到笔记里的段落"等（见第三章）。

④ **记录**——制作读书笔记，记录读书过程中产生的感动或思考，铭记这次读书体验，留下与书交流过的证据（见第三章）。

⑤ **活用**——通过再次浏览读书笔记，在检索和参考的过程中帮助自己获得智慧、得到提升。另一方面，制作笔记时要注意方便日后重读（见第四章）。

以上五个步骤除了③以外都会用到笔记本。毕竟除了为搞研究而读书这种特殊情况以外，在读书过程中做笔记是不现实的。因此在③这个阶段无须使用笔记本，只要通过折上书页的一角或是用笔留下记号，为最后制作读书笔记做好准备即可。

但是，如果是身处家中或是咖啡馆这种可以静心读书的环境，或是面对内容相对较少的书，也可以同时进行③和④两个步骤，边读书边写读书笔记。

按照这种流程读书有很多好处，如表1-1的总结。

表1-1　笔记读书法与普通读书法的区别

	普通读书法	笔记读书法
选书	[对书没有形成意识] · 别人推荐什么就选什么 · 没有目的性地读书 · 被广告和销量排行榜左右	[收集信息已成为日常习惯] · 发现并按照自己的需求选书 · 读书目的很明确 · 能够排除干扰，不会被动选书
购书	[选书的过程从书店开始] · 选书时间长 · 买来的书堆成山，但都没读过 · 因为一时兴起而造成冲动购物	[按照购书清单指名购买] · 节省在书店耗费的时间 · 因目的明确，可以对客观评价 · 有效利用网上书店
读书	[普通的读书方法] · 读书没有重点，需要很长时间 · 读书过程容易变得单调乏味 · 读过以后很难提炼要点	[带着读书笔记的概念读书] · 目的明确，读书速度快 · 通过做记号加深印象 · 读后可以迅速提炼要点
记录	[仅仅是读过] · 很难反复阅读 · 甚至不记得曾经读过，更别说内容了 · 很难提取信息	[将读书笔记实体化] · 方便反复阅读 · 通过书写加深印象 · 以书为媒介丰富思想
活用	[保存在书架上] · 很难进行参考 · 书被遗忘在角落里 · 浪费空间	[回顾读书笔记] · 便于参考 · 通过读书笔记吸取知识，并得到提高 · 可以脱离原书

也许你会觉得按照五个步骤读书很麻烦。确实，什么都不想就去书店买些感兴趣的书，读完一次就不再想起才更轻松。

可是，就像前面所说，那样做是没有什么好处的。既然拿出珍贵的时间读书，通过读书笔记留下看得见的成果，即使是三言两语也好，从长远来讲不是更有效吗？

要通过笔记来选书，通过笔记来记录读书体验，用笔记做参考，通过笔记来回顾反思。这样整个读书过程都在促进自己对书的理解，从而构成个人独到的见解。

将读书过程结构化

本书介绍的读书的五个步骤可以总结为图1-4。

首先通过步骤①，浏览报纸上的广告和书评，列出想买的书。如果忘了记录，或是记不清书名，可以只记下作者名或关键词，日后再通过网络找到书名即可。

① 选书
列出购书清单
（收集信息）
第二章

② 购书
指名购买
（高效率的购买方法）
第二章

③ 读书
做记号
（确立读书重点）
第三章

④ 记录
写读书笔记
（与书对话）
第三章

⑤ 活用
制作检索用标签
制作索引
（反复阅读）
第四章

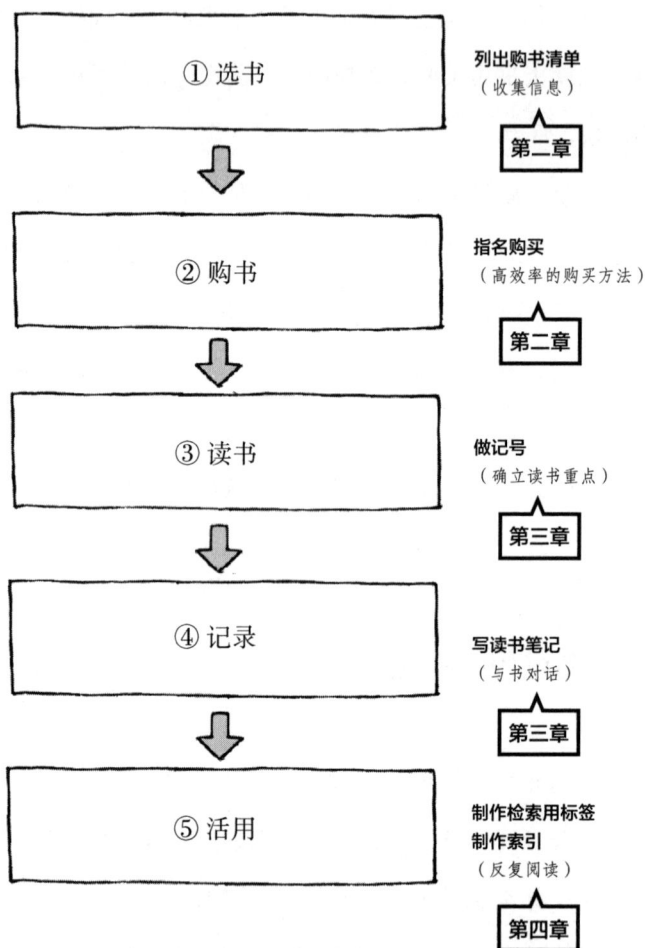

图 1-4　使用笔记读书的五个步骤

无论是关于哪个领域或主题的，只要你觉得"我想找一本关于××的书"，比如在"好想看那本只限公司职员阅读的书""不知道有没有罗马历史的入门书""好想读××写的随笔"的时候，都可以把需求列成表格。而这篇写满"想读的书"的表格，就是**购书清单**了。

我一般会把想法写在便利贴上，贴在笔记的最后一页，日后再用电脑编辑好，打印出来，收在笔记本里，走到哪里都带在身边。这样的话，在书店进行步骤②时，就可以直接从书架上找出清单上的书，再去判断要不要买了。完全没有必要再在书架和各个楼层之间流连忘返。

当然，偶尔悠闲地浏览书架上推荐的热门书或丛书也是很不错的选择，可是我们总会遇到这种情况：

"有本书刚才还在想要不要买的，是什么来着？去看了一眼别的书就忘了。"

"应该不需要一次性买那么多吧？去掉几本好了，这就放回书架上去。"

"虽然今天不买，但我要把它记下来，以后有机会再买。"

赶时间的时候逛书店总有种手忙脚乱的感觉，而且市面上的书都会把书名、封面和腰封上的宣传语写得很有煽动性，让人在目不暇接的同时也会浪费很多时间。考虑到这些情况，我从来不会以"找找看有没有好书"为目的去书店。我只要看看购书清单，就能找到很多本来就很想读的好书了。

因为平时已经通过报纸书评、杂志报道等途径收集了跟书有关的信息，并贴在笔记上做好了记录，剩下要做的就只是把书名列在购书清单上去书店指名购买了。有了这个过程，在书店就不会再被过度包装的广告左右，自主、快速地找到目标书籍了。

买到书以后，下一步就是步骤③"读书"了。就像刚才所说的，在这个过程中基本上是用不到笔记本的。不管你是坐在电车上还是躺在床上，都可以通过折上书页的一角、画出重点等方法做好记号，日后只需要确认想要落实的内容，记在读书笔记里就好。

读完一本书后，再一边回味想要重新确认或是画出的重点，一边制作读书笔记。接下来就是步骤④，根据书的内容以及对读书体验的重视程度撰写笔记，分为扎扎实实地花时间记录和几分钟就写好的情况。至于步骤⑤"活用"，需要按照相应的工作需要、学习需要和兴趣来决定。

就像刚才所说的，我不只是在笔记本里制作读书笔记，还会按照时间顺序写一些日常的随笔和日记，把所有信息都收录在同一本笔记里统一管理。这样做看似混乱，但只要用到接下来讲到的方法，就可以很快找到想看的读书笔记，通过重读将知识灵活运用到工作、生活和自我提高上。

看到这里，你还会不会觉得这样做只是把书放在一条流水线上毫无感情地处理了一遍呢？

当然，人与书的邂逅与交流应该更多元、更浪漫一些。可是我认为，为了更加真切地与好书对谈，使这本好书扎根在脑海里，很有必要不加思考地把书中的营养彻底地系统化，并有组织地消化这些内容。

亚瑟·叔本华说过，读书最重要的是"**不读死书**"。坚持"只选好书、只读好书"的做法可能不太现实，但只要我们张弛有度地贯彻"好书要细细研读，其他书就粗读略读"的原则，还是很有可能实现的。

　　爱书之人大都喜欢同时阅读几本书,我也不例外(见图1-5)。我有很多正在阅读的书,也有很多已经读完但还没有撰写读书笔记的书,原因是这样的:虽然有些书在重读几次、做好读书笔记后可以催生很多对工作有益的思考;但也有些书刚买回一个小时就可以进行到步骤④,并让人不想再读第二遍;还有一种书,不知为何就是读不下去,在步骤③停留了好多年。

　　但是,不管阅读速度是快是慢,只要运用这种流水线式的读书方法,就可以同时应对多本书。

　　根据书的深度和自己对书的重视度,任何书都可以通过这个程序进行处理。就是这样简单的过程,可以让书中的内容真正属于自己。

把读书相关信息记入同一本笔记

① **选书**

② **购书**

③ **读书**

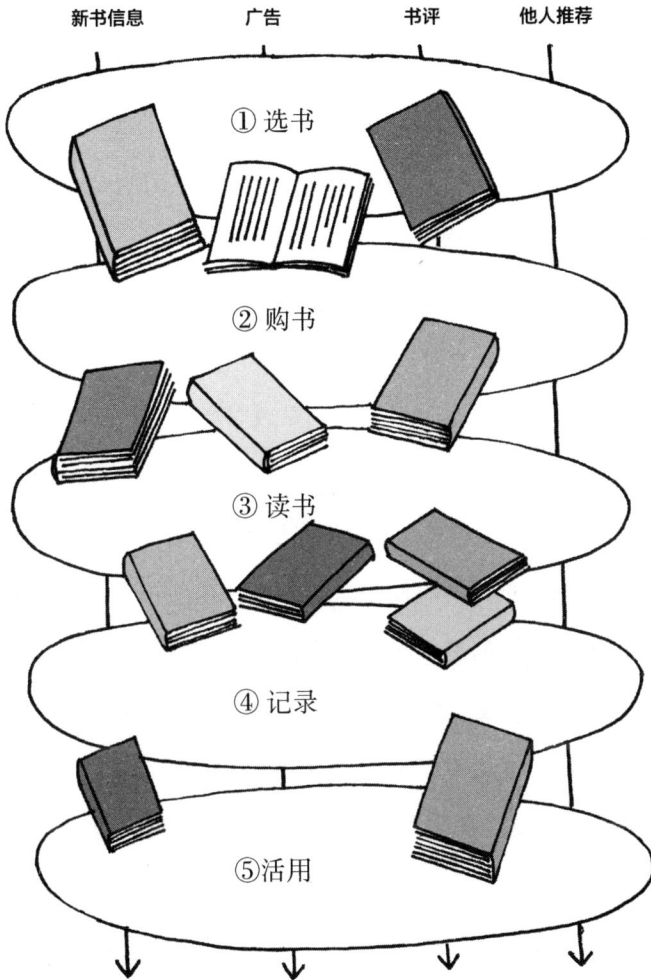

图1-5 同时处于读书五个步骤中的多本书

④ **记录**

⑤ **活用**

首先，请把这五个步骤大致理解为五个框架。

由此我们可以看到使用同一本笔记本记录所有信息的重要原因——"**信息一元化**"。

具体来说，就是把想读的书和读过的书都记在同一本笔记本里，不设分册。

可以把购书清单记在便利贴或打印纸上，粘贴或夹在笔记本里。而其他内容，包括日常随笔、剪报和读书笔记，都要不分种类地记在这本笔记本里。

就像看报纸的时候，即使没有带着选书的目的去看也会发现很想读的书一样，一天24小时，想读的书随时都会出现。这个时候，也许你会专门制作一本"读书专用笔记"，只用来记录读书时产生的构思、创意和杂谈。乍看之下这个办法很不错，但我觉得从现实角度来讲，想把"读书相关"和"其他内容"明确区分开是很困难的，倒不如这样做：

在一本写什么都可以的笔记本里，增加关于读书的记录。

这样的话，既为充分利用各种信息提供了条件，又消除了写笔记的压力，更有利于把读书笔记坚持下去。

关于一元化，我会在《信息管理术》（完全版）中详细说明，而这个概念本书并没有过多涉及，在此我只把一元化的优点总结如下，就此带过：

· 简单易懂，人人都能做到

· 更容易坚持

· 自由度高，可自行设计

· 信息"存在"于同一个地方

· 直接记录、参考，不易混淆

· 因为"杂乱无章"，所以更便于活用

除此以外，不需要任何复杂的加工。

打个比方，如果同时使用三四个钱包，不管多认真整理，也有可能会想不起到底哪个钱包里放着医保卡。那么相反，如果只有一个钱包，完全不去整理，把收据、会员卡等全都塞进去会怎样呢？只要把钱包里的东西倒在桌子上一样一样地查看，就一定能找到医保卡。

而文件也是同理，把堆叠在纸箱里的文件全都倒出来的话，即使乱七八糟，只要细致地逐一查阅，也一定能找到正在寻找的资料（见图1-6）。也就是说：

只要在这里找，就一定能找到；在这里找不到的话，那就是没有。

就这么简单。

我想说，笔记本也可以像纸箱一样，成为一个"什么都可以放的容器"。涉及读书的诸多信息就是纸箱里的文件，同与书相关的所有信息一起，存放在同一本笔记里。

如果整理信息的方法烦冗拖沓，那么是无法坚持下去的。为了能够长久地坚持，就要把读书获得的信息不做加工地放在同一个容器里。

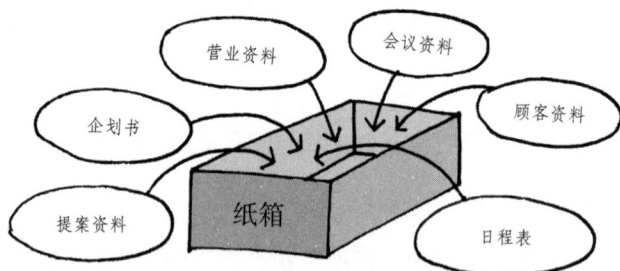

图1-6 一元化以后就一定找得到的信息

将笔记本一元化的技巧

接下来，让我具体说明将笔记和资料存放在同一本笔记里的一元化技巧，主要有以下五个要点：

① 可以书写任何内容

② 按时间顺序书写

③ 附上日期

④ 灵活运用速记或略记

⑤ 可以粘贴

① 可以书写任何内容

读书笔记不只是用来记录读书过程的，还可以写下日常生活中的很多事，无须分类，你可以把一切都收录在这一本笔记本里，比如读报纸杂志时觉得不错的主题、感兴趣的研究者或作家的名字、让自己印象深刻的台词、别人推荐的书名，都可以写在笔记里。

在这本笔记里，写什么都可以。

而且要多记录一些一闪而过的小想法，可以帮助自己形成书写习惯，更灵活地利用笔记。谁也不知道这些付诸纸上的想法能不能派上用场。但是，在此时此刻觉得没必要记录的东西，在未来可能会影响你的态度和即将发生的事件的结果，甚至为工作提供启示。

② 按时间顺序记录

笔记要按照顺序从前往后书写，不需要像账本一样各自分区，也不需要按照书籍的范畴分类，更不需要誊写到别的笔记本上。**只要写上就好。**

在这样一本笔记里，不止内容不需要分类，连写法和空间也都不需要刻意区分。这样做的目的在于什么都不想写的时候可以连续几天什么也不写，而想写的时候写多少都可以，一直保持放松的心态。

一日一记的日记式写法，会因为偶尔写不出内容而出现空白，这样就会使人产生懈怠感。所以，为了让自己更放松地写笔记，只需要在平时想写读书笔记时粘贴一些有关读书的剪报，或者做些相应的记录就可以了。

③ 附上日期

　　每次写笔记时都要记得加上日期。方法很简单，只要如下图一样，在每篇文章的最前方添加日期，并在文字最后加条分界线。

　　我一般会将笔记本中标记的日期统一为如下的六位数列：

080722（即 2008 年 7 月 22 日）

130904（即 2013 年 9 月 4 日）

　　记录内容时，除了要标注日期，在书写或粘贴的同时也要注意用线条做好区分。笔者比较喜欢如图上这种像报纸般排版很满的样子，如果你更喜欢留白，也可以换别的方式（见图1-7）。

图1-7　按照时间顺序书写的同时画好分界线

标注年号和日期有多种多样的方式，为了避免混乱，应该尽量统一使用同一种方式标记。

在写笔记或粘贴资料时，一定要用前面所说的"六位数列"进行标注，以此来表示日期所指资料是"○○○○年的△△月□□日收录的"。虽然笔记的内容是按时间顺序排列的，通过前后关系也可以看出大致日期，但为了避免不必要的混乱，还是养成随时标注日期的习惯比较好。

2013 年 7 月 30 日

13 年 07 月 30 日

⇩

130730

笔记内容通过这种方式统一，不会造成书写混乱，而标注方式也很简单，更便于放松下来，坚持做笔记。

④ 灵活运用速记或略记

为了在记录的时候不感觉麻烦，建议积极运用"速记"和"略记"的方法。速记的窍门是用较大的字号书写。本书建议在使用笔记本时不要在意字的大小，一本用完了可以再换一本，因为空一行写一行的书写方法会更有效率，也更方便重读。

另一种速记方法就是"简写"。为了更方便辨识，可以将冗长的表述缩写为字数更少的短语，这样看起来会更紧凑，重读时也会更方便，这样写也更节省时间，还能避免写错。

最后一种方法是"略记"，如下图中的"首字母缩写"。

东京→ TK

名古屋→ NGY

外务省→ GMS

经营资源→ KESG[1]

根据个人的兴趣和读书倾向，人们会创造出只属于自己的惯用词。有些写起来会很费时间的常用语句，可以用自己能看懂的规则缩成短语。

⑤ 可以粘贴

为了更有效率地利用笔记本收集信息，能粘贴的内容

---

[1] 此处列举的皆为日文首字母缩写。——编者注

就尽量直接粘贴在笔记本上吧，比如报纸上的书籍广告和书评、书店里分发的传单、新书里夹着的出版清单和杂志上刊登的书籍推荐专栏，只要觉得有意思都可以剪下来贴上去。通过这样的过程，就能把与自己有关的读书信息一点点聚集到身边。

另外，制作读书笔记的时候，把书的腰封或附送的卡片（写着书刊信息的明信片）粘贴在本子上也是个不错的方法。这样可以直观地把书名、作者等书刊信息加入笔记里，比"单纯的手写笔记"更形象，会让人印象更加深刻。

在我看来，工作过程中一些复印好的参考资料也不要用过就丢掉，可以把各类内容剪下来贴在笔记本里。这也是使重读更轻松的好办法。

以上就是我对笔记本使用方法的基本说明。

从下一章开始，我会按照之前说明的五个步骤分阶段解释，告诉你一本小小的笔记会为读书生活带来哪些惊人的变化。

第二章

用购书清单指名购书

购书清单是一份无形的财富

笔记读书法的第一步，就是**选购**真正想读、应该读的书，也就是之前介绍的五步骤中的"**选书**"和"**购书**"。

在具体说明以前，请先想象你平时买书的情形，可能大多是在通勤或上下学途中顺便去趟书店买到的。我想，当时的状况是这样的：喜欢商业书籍的人会去商业书籍区，喜欢小说的人会去文学书籍区浏览。可是你偶然看见新书书架、摊开的畅销书和促销用的海报，被令人目不暇接的书名、广告词和包装所吸引，于是就不知不觉地捧起了书。在确认好目录、前言、后记和作者资料后，你看了一眼价格就走向了收银台。

这样的场面是不是很熟悉呢？

如果一开始就用上购书清单，购书流程会变得完全不一样。购书清单就是格式如下的一张白纸。平时看到不错的书，就可以在这里填写下面三类信息。

购书清单

书名	作者	出版社	备注
西乡与大久保	海音寺潮五郎	新潮	
日本姓名史	纪田顺一郎	文春	

① **书名**

② **作者名**

③ **出版社名**

以这三个信息为线索，就可以实现**"指名购买"**了。去书店以后要做的事情很简单：翻开目标书籍，决定要不要买。这就是购书的确认工序。

如果喜爱的书籍并没有多到需要特意记在纸上，可以在笔记本里找出一个明显的位置，比如最后一页，用来列清单。

虽说通过查找书的ISBN码来找书会更精确，但一般来讲只要知道了书名、作者和出版社，就足以找到那本想要的书了。至于后面的备注栏，可以补充一些类似"绝版""来自……的推荐"或"工作参考资料"的信息。

不管是在浏览报纸和杂志广告时还是在书评、地铁广告、书籍的卷末广告和新书发行的传单里发现了好书，都要随时记录下感兴趣的信息。只要养成这个习惯，就再也不会出现"之前好像发现了一本很有意思的书，可是不记得叫什么名字"的情况了。

那么，为什么要把列清单的过程也作为读书方法的一部分来说明呢？理由之一，就是要培养带着目的去读书的目的意识。

列出读书清单→在书店确认→购买

遵循这样的步骤入手书籍，就不得不意识到自己"**为什么要读这本书**"了。通过在清单上书写这一动作，可以确认自己此次读书的目的。比如购买小说或纪实作品时，会考虑是为了享受故事、玩味文章、沉浸在作品的气氛中、了解本书的作家还是为了分析最近一段时间的文学走向；比如购买商业书籍时，则会考虑是为了要以后运用到工作或者兴趣爱好中、方便传授给他人、提高自身涵养还是为了能够立即付诸实践。

像这样带着理由去读书的意识，也会影响**阅读速度**。

如果是上司指示你去读的一本书，那么大致地浏览一下、了解大体内容，只要能回复"我读过了"就足够了。相反，如果一本书可以解决自己一直在烦恼的问题，或是它的主题让自己非常感兴趣，那么就可以多花点时间，踏踏实实地阅读了。

所谓读书的动机或目的性，就好比照片的"焦点"。即使拍摄同样的场景，聚焦于面前的花朵和聚焦于远处的建筑，得到的效果完全不同。读书也一样，抱着不同的目的阅读同一本书，也会产生截然不同的效果。

通过记录掌握选书主动权

制作购书清单的第二个理由就是，它**能帮自己找到真**

正想读的书。

仔细想想，我们之所以会买些根本不读的书，根本原因就是冲动购买。总是想着"这本书或许有用""这方面的知识一定要有啊"，不知不觉就拿起书走向了收银台。

这个时候不应该过于冲动，要仔细确认"我是不是真的想读"。特别是对待畅销书的时候，更应该问问自己为什么非读这本书不可。可是，如果毫无计划地站在书店的书架前，很容易就会失去判断力，无法冷静选购。

为了能够更有主动性地选择书籍，重要的是事前一定要做好计划。即使是确认过目标书籍后决定不买，而是带走了放在旁边的某本书，也比一开始就没有目的性地购买好多了。所以在某种意义上，购书清单并不只是单纯的"购物备忘录"，而是**为了促进主观购书的矫正装置。**

列购书清单还有另外一个好处，那就是在不断列表的同时可以**看清自己真正的读书需求。**

不管是谁都做过这样的事：早上看到报纸上的广告里有感兴趣的书，就会把书名记下来，晚上下班的时候顺便买回家；但是他们没有重视看电视时引起自己兴趣的话题、网络上有趣的研究课题、书上建议读者深入了解的学说，看过没多久就忘了。

"想读读关于日本酒的小论文。"

"不知道有没有深海生物的图册。"

"如果这个人物有评论性传记的话，我想看看。"

其实这样的想法，更应该一个不剩地收集起来。而这就是第一章提到的第一种笔记方法——随想笔记。

看历史电视剧的时候就随时把感兴趣的登场人物写下来，听广播的时候马上记下现场报道的地名，把感兴趣的一切都记下来，就能在随想笔记上积累不少内容。几天后再去书店看看相应的书架，或者直接在网上找相关的书籍，说不定就能发现真正想读的书（见图2-1）。

并不是只有在书店的书架之间漫无目的地浏览，才能与想读的书来一场命中注定的邂逅。平时要多注意寻找与书相关的信息，这样很有必要。**只有从日常生活中取材，才能列出反映自己真正需求的购书清单。**拿着这样一份清单去书店，要做的事情就会一目了然。

首先，找到清单里列的那些书。其次，看到实物后判

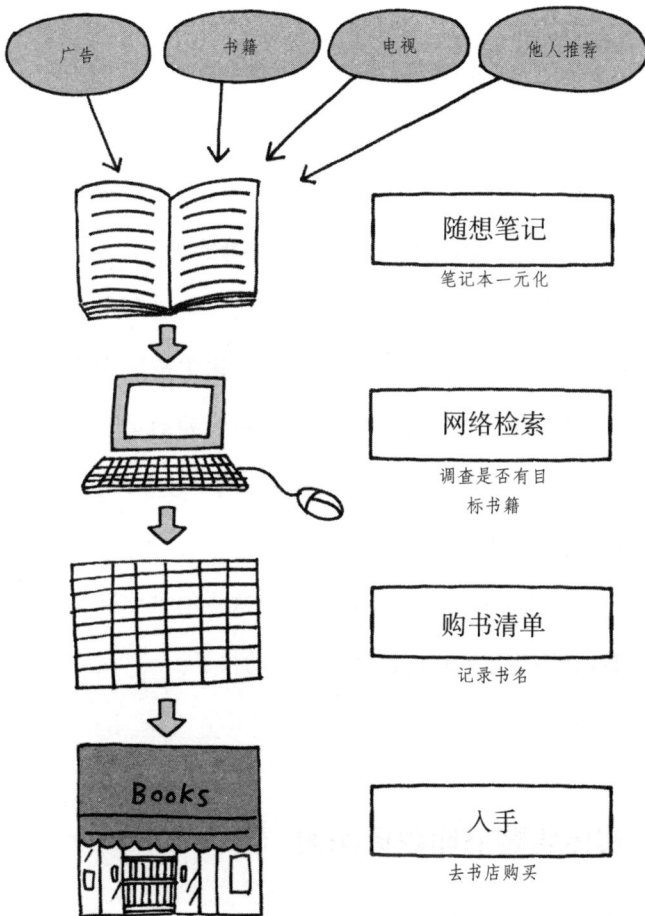

广告　书籍　电视　他人推荐

随想笔记
笔记本一元化

网络检索
调查是否有目
标书籍

购书清单
记录书名

Books

入手
去书店购买

图 2-1　从收集信息到购买的流程

断要不要购买。最后，排除掉对于现在的自己来说不需要、没必要读的书，只选择自己真正想读、有必要读的书购买。

如果让我不看清单就去书店选书的话，我推荐选择历史或者西方思想等学术性较强的书。这种类型的书不会让人产生"一定要买"的冲动，可以冷静购买。

如果把买书模式分为两种，那么一种是利用充足的时间浏览书架上的图书，一种是在下班途中按照清单指名购买。与其被书的腰封和广告吸引，一时冲动买下不一定会读的书，不如经过沉着冷静的自主思考，主观地选择图书，这样更能在读书时获得满足感。

通过列购书清单、做随想笔记这样的事前准备，我们就可以在书店里彻彻底底地掌握主动权了。

在实体店购书印象更深刻

我想很多人看到标题都会问："难道在网上买书不好吗？"

　　我跟所有人一样，也会去网上的书店，但我只会在网上购买内容已知的书，对于看到书名或主题就头脑一热想买的书，我几乎不会在网上下单。所谓"内容已知"，是指读过这套丛书之前出版的几本，或者曾经在书店翻看过该书，或者该书是人尽皆知的名著或经典作品，或者自己曾经多次读过作者出版的其他作品。

　　相反，如果是完全不了解的作者出版的书，或是第一眼看去让人无法理解作者身份或主张的书，以及看过内容简介和目录后依然无法理解内容的书，我只有在实体书店看过实物后才会买，因为如果书名与内容不符，或是文风让人无法接受的话，最后还是读不下去，那这次购物不就没有意义了吗？

　　试想一下，如果每次去书店都只找清单上的书，接着考虑是否要买，或是跟同架的书比较之后再买，会不会更有可能买到一本能让自己读完的书呢？而且，特意跑去买书这一动作也是一种经验的积累，比如自己心仪的那本书太贵了，每次去书店都犹豫不决，最后终于下定决心买下来；比如知道买太多书肯定会读不过来，为了让自己更有动力，每次只买三本……

　　在实体店买书的种种体验，都会被忠实地记录在自己与那本书的故事里。浏览书架的时候，就会想到"因为这本书太贵了，我曾经来看过很多次，最后终于买了，果然是值得的""这本书总是卖断货，那时候是我打电话让书店帮忙留下才买到的"，这样回忆起了与书相遇的点点滴滴。

　　所以说，在实体书店购买的书，会给自己留下更深刻的印象。加深了对书本身的印象，自然也就加深了对书中内容的记忆。

列购书清单的诀窍

　　购书清单，就是一份有别于笔记本的专用表格。

　　我会把购书清单用A4纸打印出来叠好，收纳在笔记本里（见图2-2）。以前只是把感兴趣的书名写在笔记本的最后一页以供参考，后来感兴趣的书越来越多，一页纸根本

粘贴或直接夹在笔记本里

图 2-2　使用单独的纸张或便利贴作为购书清单

写不下，于是开始使用专门的表格。这样做的好处是，就算原来的笔记本用完了，也可以拿出表格粘贴或者直接夹在新的笔记本里。而且，去书店选书的时候，只要带上印着表格的一张纸就可以了，轻松无比。

为了方便在看到想读的书时能马上把书名填在清单里以防遗忘，我不管去哪都会随身带着笔记本。

有时候想法实在太模糊，只能想到"我想读关于……的书"，我会先把这个想法笼统地写在随想笔记里，再在日后凭这句话在网络上检索符合内容的书名，最后记在购书清单上。

如果对书的需求比上面的想法更具体，比如，看电视时对某位学者或作家的发言很感兴趣，忽然想到"好像有本书讲了这位老师还在做普通职员时的故事"，那么即使这种想法不够清晰，也可以直接写在购书清单里。

把具体的读书需求写在购书清单里，比写在笔记本上更方便日后调查书名。

在这里，让我介绍独创的购书清单制作方法。这套方法姑且只是作为参考，没必要全部吸收，如果你有更好的主意，也完全可以改成适合自己的格式。

首先，写下书名之前，要在开头做如下记号。[1]

· 单行本：T

· 系列丛书：B

· 新书：S

· 杂志：Z

· 其他，例如 CD、DVD：C、D

这样按照不同类型区分书籍是有原因的。因为在日本，丛书和新书在书店里都有专门的书架（见图2-3），与其为了找书到处兜兜转转才找到目标书籍，倒不如有的放矢，

---

[1]　这一系列为日本国内使用的记号。——编者注

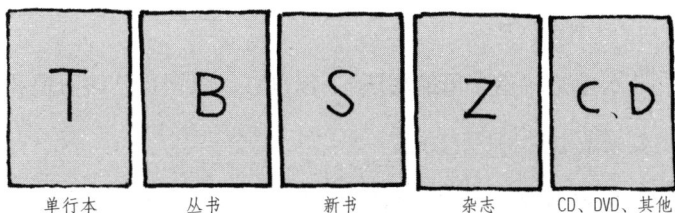

T	B	S	Z	C、D
单行本	丛书	新书	杂志	CD、DVD、其他

图2-3 日本书店的书架

直接在同一类型书架上找完所有想要的书更方便快捷。

正如前面所说,除了极个别的情况,只要按照"书名""作者""出版社"三个要素检索购书清单上的书籍,一般都能找到目标书籍。把这三个要素和表示类型的记号整合起来,就会是以下这种记法:

B《西乡与大久保》/ 海音寺潮五郎 / 新潮

S《日本姓名史》/ 纪田顺一郎 / 文春267

T《3小时秒变"专家"的独家秘籍》/ 佐佐木俊尚 /PHP

事实上,用汉字记录作者姓名和出版社名也很麻烦,可以用首字母概括,如以下的日本出版社:

讲谈社:KD

集英社:SE

新潮社:SC

文艺春秋：BS

这就是"**首字母缩写法**"，你也可以根据自己的习惯和需要来改造这种标记方法。

日本书的单行本因为体积很小，除非是特别受欢迎的畅销书，不然很难在书架上找到，所以有必要询问店员或使用搜索引擎进行查找。在将单行本列入清单时，要更注意正确书写书名、作者名和出版社名，尤其是小规模出版社出版的书，不然找书会很费力。

日本大型出版社出的丛书一般是直接陈列在所属出版社的书架上的，如"角川文库""竹万文库"等，按作者名字的首字母顺序摆放。所以在记录丛书时，至少要将作者的姓氏记下来，即便是只记了首字母也会为查找提供方便。

至于新书，也会按出版社分类，陈列在"岩波新书""讲谈社现代新书"等出版社专属新书书架上。

不过购书清单有个缺点，那就是在使用几个月后，感兴趣的书会越来越多。列在清单里的书目一增加，就会出现一些拖延很久都没有买的书，为了彻底清理这些让人没有阅读热情的书，偶尔要大刀阔斧地对清单进行缩减。

在线清单的优缺点

随着智能手机的普及，我们也可以利用数码产品对购书清单进行在线整理。这样就算一时无法拿出笔记本，也可以利用智能终端看到购书清单了（见图2-4）。

虽然有很多APP可以管理用户现有的和希望入手的书籍，但是附加功能太多，而我们只需要列出想要阅读的书

图2-4　用智能手机看"心愿单"
即使出远门，也可以用亚马逊的客户端看到与电脑上一样的"心愿单"。

目这一个功能，因此这些APP让我觉得很不方便。

我经常用的是在线书店亚马逊的"**心愿单**"。这项功能很简单，就是在亚马逊检索到想要的商品并点击收藏。只需点击检索出的目标书籍，就可以把这本书保存在清单里。

如果已经了解过书的内容，就可以直接购买收藏在清单里的书了；而对不了解内容的书，则需要像刚才讲的那样，去实体书店确认过实物之后再决定要不要买。在这方面，智能清单跟纸质的购书清单是完全相同的。

即使是出远门，也可以通过同步功能在亚马逊的客户端上看到购书清单。每本书都有专业的官方介绍，因此书籍信息也很全面。

另外，只要在浏览器里添加"对其他网站开放心愿单"功能，就可以把在其他网站上找到的书籍、商品及相关信息都放在亚马逊的"心愿单"里了。不管是报纸、网站介绍的书籍，还是在维基百科上查到的人物资料等，都可以收藏到"心愿单"里，在智能手机上显示。

举个例子，在网上阅读历史专栏时会想，"不如在日本史分类里找找这个人物的评论性传记吧"，决定以后不需要特意去亚马逊找书，而是直接将这个人物的资料收藏在"心愿单"里即可，真是出乎意料地方便。这种方便的在线清单，适合能在家或办公室里频繁接触网络、直接在线检索到图书的人群。

但是，购书清单的智能化也有缺点，那就是清单会变得很长。因为收藏起来很轻松，很可能几个月就会超过100册，所以要去书店完成确认会很有难度。这样的话，购书清单反而发挥不了作用了。

所以，刚开始列购书清单时还是选择手写更好。虽然比较花时间，但也会因此更认真地筛选可被列入表格的书籍。而且书写还可以在一定程度上加深你对书名和作者的印象。

指名购买的威力

经过一段时间的积累，相信你已经在购书清单上写下了一些书名，可以去书店买书了（见图2-5）。

　　确认好清单上的书以后的情况一般分为两种：如果觉得
"这本书不买也行"，就把书名整个划掉；如果买下了，就在
旁边标上"已买"。

　　去书店查找并依次确认清单里的书看起来很简单，但
实际上会比想象中复杂得多，好在大型书店一般都会有购
物篮，可供顾客把找到的书都放进篮子里逐册核对。

　　买完想要的书后，在回家的路上把清单上的书目全
都标记好，那种舒畅的心情是无以言表的。在以后的日
子里，就连在上班时看到购书清单，你都会想"今天下
班我就去书店把这部分书全买下来"，想着想着，工作就
更有动力了。

　　一般来说，去书店的需求分为以下三种：

图2-5　带着购书清单去书店
把感兴趣的书名写在购书清单上，
再去书店确认实体书。运用这种方
法，就可以避免"好不容易去了一
趟，却什么好书都没找到"的情
况，在短时间内有一次充实的购书
体验。

① 想读书，但还没决定好读什么

② 寻找某一特定领域、系列或作者的书

③ 想读某本特定的书

如果是以前，你可能在①、②两个阶段就急着想去书店看看了，比如想见识海外生活就去"纪实文学"书架，想说一口流利的英语就去"外语学习"书架，等等。

以英语教辅为例，从正统辅导书到速成训练，市面上的图书数不胜数。如果不事先做好调查就直接站在琳琅满目的书架前，一定会不知道该选哪本，找到能真正派上用场的那本更是难上加难。但是现在，我们可以在网络上完成①、②两个步骤，直接以③的状态去买书，最大限度地把实体书店利用起来。

做好学英语的准备以后，可以在去书店之前先在亚马逊之类的购书网站上检索一遍，选中几本感兴趣的书加入购书清单。有了这一步，就可以直接拿出清单判断哪本书更值得买，再也不用担心会在实体书架前迷茫了。这就好比购物之前先了解冰箱里的库存，列好清单再去买，大大缩短了在超市里闲逛的时间。我们都懂这个原理，却很少在买书的时候也想到这个方法。

购书清单就是这样提高买书速度的，尤其在买新书时体现得更为明显。近些年，时间至上的商务人士之间开始流行阅读新书，因此新书的出版重点也发生了变化，从学者编著的"心灵鸡汤"转向了商务书籍和实用技巧书。这些新书价格合理、便于携带，是读者广泛阅读的合适对象。

在把新书列入购书清单的同时，一定要试着标注**序列号**[1]。序列号就是根据不同的出版系列（或书名）制定的、代表发行顺序的号码。很多新书在上架时并不是按照领域或拼音顺序，而是按照这个序列号陈列的。

书店在陈列新书的时候，一般都是一股脑将其摆在新书书架上，只凭作者名很难找到目标书籍；这时，书名和序列号就成了重要的线索（见图2-6）。举个例子，之前说过的"S《日本姓名史》/纪田顺一郎/文春267"在购书清单上的序列号就是"267"。其他例子如下：

---

[1] 这是日本出版界通行的标注方法。——编者注

图2-6 用序列号检索新书

在备注感兴趣的新书时，将系列名和序列号都标注上会更便于找到目标书籍。因为新书是按照号码排列的，如果找不到那个序号，就说明这本书缺货了。

如果想要大致了解特定领域，如"中国经济发展"，只要在网上书店里检索关键词"中国经济"，再把畅销新书按照以下格式列入购书清单即可。

S《镇魂：吉田满与他的时代》/ 粕谷一希 / 文春 436

S《让对方"听进心里"的说话之道》/ 池上彰 /KDG1620

S《学习日本经济》/ 岩田规久男 / 竹万 512

　　这就是所谓"丛书"，出版社发行的各类新书所属的系列的名称。一个出版社有时会同时出版若干套丛书，比如讲谈社的新书就把几套丛书命名为"讲谈社现代新书""讲谈社+α 新书"和"讲谈社 blue backs"，以此来区分出版物的门类。

　　因此我们可以说，对新书来讲，最重要的就是出版系列名。只知道作者名和书名但不知道系列名的话，要找到目标书籍也是需要费一番工夫的。至于丛书，书店会根据出版社和作者名的拼音顺序陈列，所以就算各类信息不太明了，查找起来也不会太费劲。然而新书就不同了，只能和单行本一样用书名或作者名来检索。

不过，如果有了"**系列名＋序列号**"，就连书名和作者名也不再必要了。

○关于中国经济发展的新书

文春：588/469/312

中公 L：247/66

中公：1897

集英：0315A

竹万：559/163

PHP：178

岩波：新赤 601

不需要书名和作者名，只需要一张标注着序列号的清单，就可以放心地去书店的新书架上找书了。

所以，当你心血来潮，忽然对英语学习、昆虫捕捉、机械化、劳动相关问题或地方经济重建等领域感兴趣时，可以通过上述方法列好购书清单，去书店把心仪的新书买回来，轻松而准确地打开一扇全新的智慧大门。

在日常生活中收集线索

为了筛选想看的书，还要打开电脑去网上检索，实在是有些麻烦。时间一久，还不如直接去书店翻找更快一些。

选择图书，重要的是看平时收集的信息，要经常竖起敏感的天线。平时提高了敏感度，就算没有特意去找，也能在日常生活里收集很多有意思的信息。这样积累下去，想读的书要多少有多少，根本不需要去网上搜索。

这样考虑可能更容易理解：潜水艇有"**主动声呐**"和"**被动声呐**"两种声呐系统。主动声呐系统是靠自身发出声波的反射状态来进行计量的，而被动声呐系统则是靠接收其他船只或潜水艇发出的声波来活动的。也许你觉得主动声呐听起来更厉害，但得到广泛使用的恰恰是被动声呐系统。

人类也是，最先贯彻的应该是"**被动声呐**"，也就是通过报纸、杂志、书籍和电视等途径，尽可能多地捕捉日常生活中接触到的信息，把感兴趣的书名或主题都写在笔记本上的随想笔记里（见图2-7）。

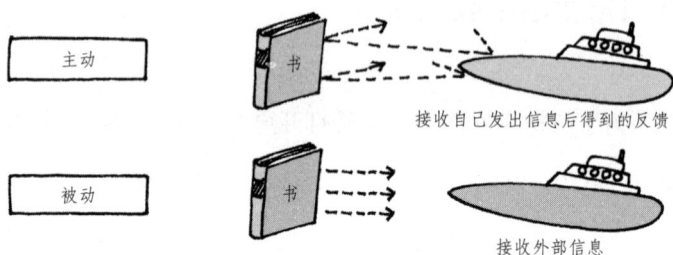

图 2-7　收集信息的方法

其间，如果在报纸上看到了自行车通勤这个话题，感觉很有意思，就可以直接在亚马逊上搜索关于自行车的书；如果迷上历史题材小说，就去问问熟人有没有推荐的；如果对朝鲜政策有兴趣，就去书店浏览一下"国际政治"书架。

当然，除了被动收集日常生活中的信息，还可以根据需要主动收集一些信息，比如电视上播的美国新电影让你燃起了冒险的欲望，那就可以在笔记本上写"想读一读冒险题材的纪实作品"，有空的时候去网上找找这方面的书。

不管你对一件事有多关注、多感兴趣，如果不马上记下来，很容易就会忘记。所以就算是一句话也好，把主题或关键词写下来，说不定就能让你邂逅好书。

我们经常说"要对所有事物抱有好奇心"。好奇心固然很重要，但如果不随时记录下来，也只会是一个漫不经心的小想法。瞬间的思考就像沸水里的气泡，只会出现一瞬间。如果马上把想法记下来，就算字迹再潦草，也比什么都不记好得多。以后看到这段笔记，可以从这个小小的想法展开思考，说不定能得到一个绝妙的创意。

因此，除了随身携带以外，请在家里的每个房间里、枕边、包里、上衣和裤子口袋等所有你能想到的地方都准备一支笔吧，这样想到什么都能马上记下来。

做好万全的接收准备，你的天线自然会越来越敏感。只要为思想造出了容器，就不必担心没有东西可以放进去。

让清单和笔记本联动起来

如果在报纸和杂志的书评里看到想读的书，在把书名列入购书清单的同时，把那篇报道也贴在笔记本里吧，这是为了在看完书以后还可以通过这篇报道回想起当初买下这本书的契机。

把书评贴在笔记本里保存好，除了更方便阅读以外，还能在剪报的同时直接写上自己的评论，这样在重读的时候还能看到自己在读这本书之前的思考。我除了书评以外，还会把杂志或报纸上刊载的"〇〇老师选择的十本书"和"想知道△△的人应该看的书"等栏目也做成剪报，贴在笔记本上（见图2-8）。

在剪报的同时，可以直接把非常感兴趣的几本书放进购书清单。如果觉得还有几本书需要考虑购买，可以再参考一遍笔记，挑选出合适的书追加到清单里。

这样做剪报，即使购书清单上的书全都买好了，也会源源不断地有新书补充进来。最重要的是**不要放走任何与读书相关的信息**——"读书信息"不只是读书笔记和购书清单这么简单的事。采访报道、国际新闻、友人的推荐和大街上看到的景象等，都是与找书有关的线索。而收集这些线索就像在日常生活中进行"采访"一样，需要不断地接纳和吸收。

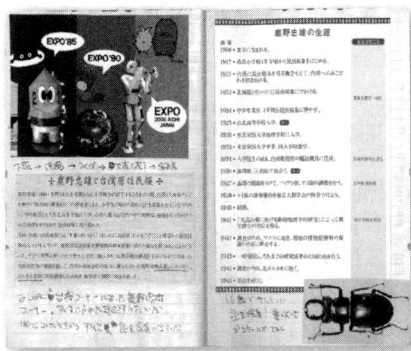

把年表、图表和照片等你感兴趣的内容都贴进笔记本保存起来。虽然有些内容第一次读的时候会让人觉得有些笼统，但做成剪报以后重读几遍，思路就会越来越清晰。

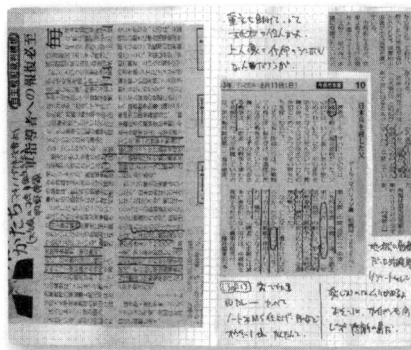

问题意识或好奇心都可以成为找书的契机。为了培养好奇心，你需要积极地把报纸上的报道利用起来。跟倾向于迎合用户意向的网络不同，报纸的优点在于你总能在上面发现意想不到的信息。

图2-8　让清单和笔记本联动

日常笔记或报纸剪报→购书清单→读书→重读笔记或剪报

这种过程的目的是让书中内容变成自己智慧财产的重要一环。幸亏我们有笔记本，这些工序都变得简单了。

找到能帮助自己找书的"枢纽书"

有样东西是购书清单上的常客，更是我最可靠的好帮手，那就是"书里推荐的书"。读过新书的读者应该知道，每个领域的入门书籍最后都会附上参考文献一览。我会首先在这里寻找感兴趣的书，甚至在读书期间，在文中看到"作家○○老师所著的《××》中这样说"的表达，都会把书名记下来。

但是有一点很让人烦恼，去书店很少能买到参考文献里的书，即使是古典名著类也有很多无法在店内买到，所以在去书店前还是先在网上确认一下比较好。

经历过多次找书体验后，我就能越来越多地在书里找到想读的书了，而且，比起广告和书评里介绍的书，这些在书里找到的书读起来更有意思。因为广告毕竟是出版社的宣传工具，而书评的首要目的则是登载在刊物上，两者多少都会有些夸张的描述。

每家媒体都会以周或月的频率在连载里推荐一些适合自己定位的书，可是这种连载介绍的都只是某个时期内的畅销书或者符合该媒体主题的书，而并非经典好书。

然而作家每年出书的数量都是有限的，所以他们在书里介绍的书一般都在作者手里经历了重重筛选，一定是值得收藏的好书。以读过的书为起点接触更进一步的研究主题，可以引发连续阅读的过程、促进知识的体系化，这种让读书永不结束的过程实在是太珍贵了。

另外，有像"为○○准备的读书向导"这种书名的指导类图书也会介绍很多有用的书籍，可以多加利用。如果只是看一大堆推荐列表可能会有些无聊，无法坚持阅读，在这里我推荐多看看读书随笔，其中的介绍不长不短，刚好适合阅读。

我把这种可以不断引领我找到其他书的书称为"**枢纽**

书"。"枢纽"指车轮的中心，世界上重要的换乘机场都会被称作"航空枢纽"。以这本"枢纽书"为基准开始找书，读书的范围会不断扩大。

了解报纸的出版习惯

在本章的最后，让我来详细介绍如何阅读书评。

在日本，书评内容会因出版单位不同而不同，都是文化部和由学者、评论家和作家等人组成的书评委员会负责的。不同媒体的书评委员会由不同的成员组成，选出的书自然也不尽相同。

那么，在形形色色的书评中，如何才能找到"让你的天线敏感起来的书"呢？

有一种方法是**判断报社的编辑方针**。比如《日经新闻》是经济类报纸，所以会更多地选择经济类、商务类的书籍；传统色彩很强的《产经新闻》则会以太平洋战争和日本史为重心；《朝日新闻》或《读卖新闻》的原则是照顾到每个领域，重视版面平衡。

如果觉得从报社的风格来看无从下手，还可以从**评论者**入手：在书评委员会的成员中找到跟自己口味相近的人，以后买报纸就专门买刊载了这位评论者文章的。

要判断自己与评论者的口味是否相近，最好的方法是找到各类报纸过去数周的书评版。可以去书报亭买各类主流报纸，好好比较评论者的不同。当你根据自己的喜好找到值得关注的书评连载时，就会主动期待每天的报纸。

现在就把报纸或杂志里感兴趣的书评做成剪报，贴在笔记本里吧。在剪贴、重读的过程中，你自然就会发现更多与自己口味相近的评论者。

认真研读报刊书评

阅读书评也是有相应技巧的。首先，阅读书评不能像浏览广告一样草草读过，要对感兴趣的内容仔细研读几遍。报纸、杂志等纸媒体具有易保存性，其一大好处正是可以

无限"熟读"。

我偶尔也会在报社的网站上看看书评，但实在是读不下去。有调查报告指明，"网络用户在浏览网页的时候，只会在每页上停留几秒钟"，我也一样，浏览网上的书评时会不自觉地跳读，想到"啊，今天介绍了这本书"的时候已经翻到下一页了。由此可见，网络是个不适合熟读的环境。相反，纸媒体则适合花时间慢慢熟读。

如果我没有时间在家里阅读，就会把书评那一页剪下来放在包里带走，在接下来的几天里利用空闲时间仔细阅读，把感兴趣的内容贴在笔记本里，在值得关注的书评下面画好重点线，写好评论。

在买好书读完以后，建议拿起笔记本重读一遍这本书的书评。可以通过这种方法对评论者的想法和自己过去的想法进行比较，帮助自己针对书的内容进行更多的思考。

书评还可以帮助理解。书评是写给没有读过某本书的人的文章，所以会先说明这本书的概要，之后的内容就是评论者的感想了。所以只要读懂前半部分，就能整理出这本书的主要框架或故事梗概。

把书评贴在笔记本里，随时拿出来读一读，能既方便又快捷地获得信息（见图2-9）。像这样利用笔记本认真研究书评，一定可以发现更多想读的书。

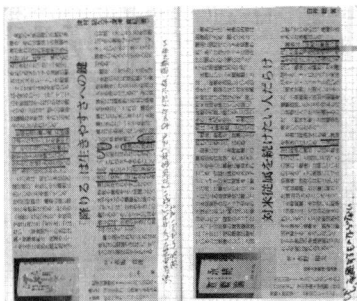

图2-9 把书评贴在笔记本里熟读

请把感兴趣的书评收集在笔记本里。在做记号和反复阅读的过程中，你会发现之前忽略的内容。在读过书评所介绍的书后重读一遍书评报道，再与自己的感想进行比较，会让读书的意义更深远。

第三章

用笔记把读过的书变为精神财富

笔记让读书成果一目了然

本章介绍的是读书笔记五步骤中的"③ **读书**"和"④ **记录**"两步。所以接下来要讲的不再是收集和记录信息，而是正式着手制作读书笔记了。这可以说是笔记读书法中最精彩的部分。

听说要写读书笔记时，你可能会冒出这样的疑问：

"我以前也写过，但是太麻烦了，坚持不下来。"

"这也太费事了吧？"

"做这种事有意义吗？"

也许说到读书笔记，你会想到那种为写论文做准备的研究笔记，整个本子上挤满了字，光是看着都让人打瞌睡。但其实读书笔记并不只有这一种，还有比较平易近人的类型，比如：

2013 年 8 月 5 日，我读了《○○○○》。这本书比我想象中有意思。

如果写得这样简单，就更容易坚持下去了。

看到这里，很多人都会说"读书笔记绝不是这么肤浅的东西"，但是我认为，就算是这样简单地记笔记，也一定能让你有所收获，因为把读书笔记坚持下去才是写读书笔记最基本的要求。

至于能否得心应手地做好读书笔记，进而熟练地参考记录过的笔记，都是坚持写读书笔记几年甚至是几十年后才能收到的效果。所以，为了达到这样的境界，一切都应该以"**能坚持下去**"为先。

再以刚才的"一句话读书笔记"为例，这句话并没有给我们多少信息，除了读书的日期是8月5日、这本书读起来很有意思以外，什么也看不出来。但是，正是这句话的存在，让这次读书成了一次看得见的体验。

别看只是简短的一句话，写和不写还是有很大区别的。

法国文学专家鹿岛茂先生是位知名的读书爱好者，他曾在随笔中这样阐述读书笔记的作用："图书都是有重点的，没有必要从头到尾详读。重要的是不管篇幅多少，都要下点功夫让自己对读过的书有印象。即使只记下这本书的作者、书名、阅读时的情景或是做些摘抄都好，要坚持写读书笔记，这是最有效的读书方法。"

毫不夸张地说，只有**坚持下去**，读书笔记才能发挥作用。读书时应该时刻记得这个目的，正确地对待写读书笔记这件事。

读书笔记改变读书方法

当你决定以写读书笔记为前提去买书、读书的时候，对读书的认识也会发生巨大的转变（见图3-1）。

人们经常说"你为别人讲解书中的内容时，才会真正理解它"，把记读书笔记作为目标去读书，得到的效果也是一样的。当你**以思想输出为前提**去读书时，思想输入的质量也会有所提升，而且亲手写文章的好处比口头叙述要多。

举个例子，我在我的读书法里介绍了一种**"摘抄＋感想"**的组合方式。书写的确是一道很费时间的工序。谁也不想在结束了繁重的工作之后还要再趴在桌子上抄两三个小时的书。所以，写读书笔记应该尽量从简从速，尽量缩短记述的篇幅，但也要全面地反映文章的精髓。

到底要怎样才能做到既简略又全面呢？

为了写出精练而深刻的读书笔记，你应该在读完一本书以后认真回想需要摘抄哪一页哪一行，思考怎样撰写读书笔记，然后严格地筛选需要摘抄的内容，尽量提炼自己的感想，争取用最短的语句表达深刻的含义。

"这部分和那部分讲的虽然是同样的内容，但刚才重读的时候感觉这部分更容易看懂。"

"这一页讲的虽然不是作者想要表达的主旨，但如果去掉这部分就没法承上启下了。"

"我对这句话印象非常深刻，只要摘抄了这一句，其他内容都不用再抄了。"

当你像这样一边思考一边选择要摘抄的文章时，会不由自主地想多读几遍，尤其是对还没有读懂的部分。在不断思考、不断重读的过程中，你会惊讶地发现自己已经读过三五遍了。

如果某些内容你实在理解不了，或者没有兴趣，就没必要写在笔记本里了，只要略读一下就好，不要钻牛角尖。

原来是这样啊……

漫无目的地读书

· 过程单调，就像在完成任务
· 读完后很难再重读
· 在记忆和笔记本里都没有留下痕迹
· 获取的信息极其有限

要在读书笔记里写点儿什么呢?

有了写读书笔记这个前提

· 自由调节读书节奏，可速读
· 一边确认重点一边阅读
· 书中内容清晰地留在记忆和笔记本里
· 重视自己的感受
· 重读内容，直到理解为止

图 3-1　目的不同的读书方式

积极地"跳读"和"速读",保持张弛有度的节奏,可以把更多精力集中在好书的精华内容上。

就这样,读书的目的从"读完就好"变成了"**写读书笔记**",读书的重心也自然发生了变化:不再是"因为读了书而写读书笔记",而是"为了写读书笔记而读书"。

从一句话开始

写读书笔记也是有窍门的,简单来讲,就是要彻底地专注于"**对自己很重要的事情**"。

读书的目的是用自己的方式学习,而不是模仿评论家的做法,学习、吸收对自己真正有用的智慧和语句才是最重要的。反过来说,如果有些信息对自己来说无关紧要,那就干脆丢掉。读书的重点是自己认为哪些内容重要,并将其彻底消化。**从这一点来看,写在读书笔记上的感想可以只是一句话。**因为有的书可以让人学到很多东西,也有的书"虽然大部分没什么意思,但有几页确实能给人很大启发"。这不是语文考试，没有必要去拼命思考"笔者想要传达什么"，只关注自己想关注的内容就好了。

在记录感想的时候，不要写一些揣测的或者外来的想法，而是要写下自己的心声，也就是感受和想法，这样会让读书笔记更有内涵。哪怕是一句话，只要写的是发自内心的语句，那么这次读书笔记就是有意义的。

补充一下，书写这一动作，也有**整理自己想法**的含义。举个例子，读完冒险题材的纪实文学以后，就会想在读书笔记里写上"这个人真厉害"。你拿起笔时，会想到"等一下，不写上这个人是哪里厉害、为什么厉害的话，下次再读到这句话时会看不懂吧"，于是你会这样写：

作者的体力和精神承受力都太强了。普通人在失明后一定会感到绝望，就算他比一般人强壮，在这样的环境下也很难生还。为什么作者可以如此坚强？

本来只想写一句话，却把自己的感受一股脑儿地写了下来，并由此展开思考，读书笔记就这样充实了起来。

所以，即使感觉自己没什么可写的，也要先拿起笔来写写，说不定就有惊喜在等着你。

无法坚持做笔记的原因

为什么很多人无法坚持做读书笔记呢？这就是我建议使用专用的笔记本的原因之一。读书笔记就像日记一样，一旦停止就很难恢复，如果搁置了很久，重新开始做笔记时就会产生强烈的抵触感。

我上小学时，街边的公园每年暑假都会组织做广播体操，只要早早起床去参加，就可以在卡片上盖一个印章。看到厚纸片上罗列的红色印章，心情就会一片晴朗。相反，如果纸片上全是空白格，就会感到很不愉快。印章虽小，却带来了很大的动力，这是无法用理论解释清楚的，或许是一种本能反应。而读书笔记也有同样的作用。

在做一件事的中途如果出现了一天的空白，或者做事的频率放慢了，就会让人感到失去乐趣。同理，几天不记读书笔记，再翻开笔记本的时候就会觉得提不起精神。但是，写读书笔记比积累印章的难度要小多了，就算只写一句话，也能让人感觉充实。

准备好专门用来写读后感的笔记本，每次读完一本书后才需要打开笔记本做读书笔记。所以只要不是一天读一本书，读书笔记的利用率是很低的。为了能坚持写读书笔记，在读书过程中做些应变也是很重要的。

如果没有时间，就严格筛选要摘抄的段落，或是贴上标记代替记录，这些都是初级的解决方法。更高明的办法是利用坐地铁或公交车的一些空闲时间，拿出便利贴写写对正在读或已经读完的书的感想，贴在笔记里。

需要注意的是，千万不要为了坚持写读书笔记而走形式主义。不管采用什么方式，都要踏实地写笔记，并真正理解书的内容。

巩固印象的笔记

在说明具体做法之前，请让我阐述一个观点：做好读书笔记，会让自己对书中的内容印象更加深刻。

在写读书笔记这个前提下，**读书方法会发生改变，你会进入主动寻找书中"打动人心的内容"的工序**。"工序"

一词可能会让人觉得很死板，但这正是写读书笔记的必要步骤。

"这部分我已经了解了，再大致看一遍就差不多了。"

"这部分内容很新颖啊，我要仔细读一读。"

一边寻找，一边划分好"部分"，按照不同的方法阅读。我把这种方法称为"寻读"，就跟"跳读""泛读"一样，是一种自成一派的速读法。

想更有效率地骑自行车，就要掌握窍门，根据路面的倾斜度更换大小不同的齿轮。读书的时候也一样，在较难理解的部分换上低速齿轮认真品读，而在较容易的部分就用高速齿轮快速浏览，这种边读书边"更换齿轮"的读书方法不仅不会造成疲劳，还能有效地缩短读书时间。

所以说，读书也可以是一项"对重要内容进行提炼的工序"。不仅能去掉多余的细枝末节，还可以自然地调动起抱着目的去读书的意识。已经在购书清单环节中培养出来的自主意识，可以在阅读环节中再次得到发挥，围绕"为什么读这本书"重新展开思考。

写读书笔记可以达到的另一个效果就是**加深记忆**。关于这一点的具体过程，我会在日后的内容里说明，在此只简单解释一下。

笔记读书法需要我们进行读书、画重点、写读书笔记三个步骤，每个步骤都需要阅读。这种多次阅读留下的印象肯定会比普通的阅读深刻好几倍。如果是亲手摘抄，效果会更好。

做记号的三个步骤

为了更有效率地写读书笔记，应该边读书边提前做好写笔记的准备，这样就可以避免在读过后记不起精华在哪个部分。在动笔之前，如果看到书上什么标记都没有，会不知道该在笔记本上写什么。所以，在读书阶段就要在书上做一些简单的记号，为写读书笔记做准备。

在书上做记号的方法有很多种。在阅读的同时在文章上画线，还要用多色笔做记号，这样一心两用是很有难度的，因为在拿起笔的瞬间,集中在书上的注意力会被分散。而且,如果没有笔就不能读书, 那么读书也就失去了"随时随地都能享受和吸收知识"的乐趣。

那么应该怎样做记号呢? 我建议实施如下**"筛选程序"**,分阶段把最重要的内容筛选出来:

① 通读

一边阅读,一边把觉得有价值的那一页折角。

② 重读

读完一遍之后,再把折角的几页重新读一遍。如果仍然觉得很好,就把那一页另一个角也折起来(见图3-2)。

③ 标记

再重新读一遍折起上下两角的几页,如果第三次阅读后仍然觉得值得一读,就用笔在上面做记号。

接下来,再读一遍③中的内容,把最后还是无法舍弃的内容抄在读书笔记上就可以了。

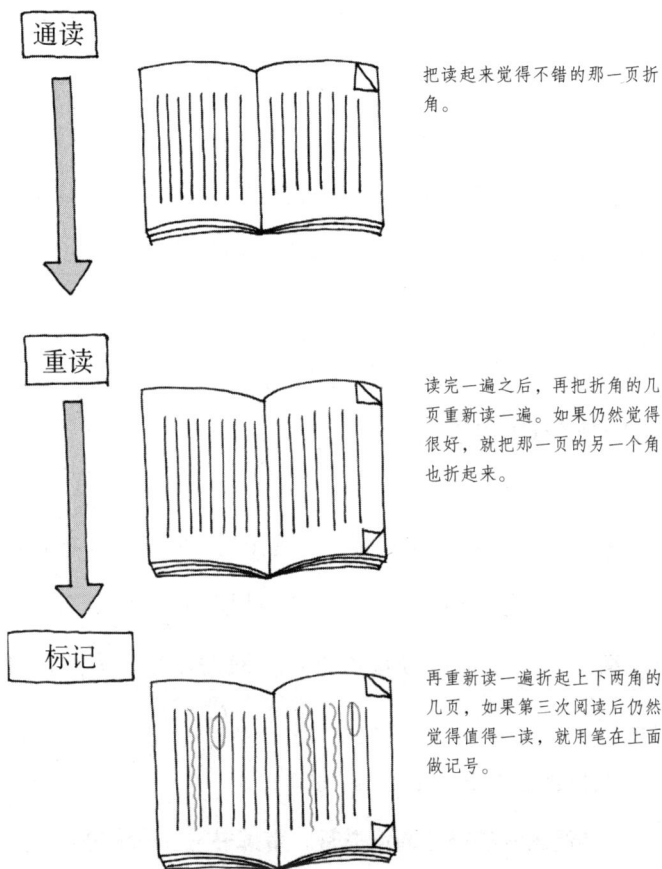

通读

把读起来觉得不错的那一页折角。

重读

读完一遍之后，再把折角的几页重新读一遍。如果仍然觉得很好，就把那一页的另一个角也折起来。

标记

再重新读一遍折起上下两角的几页，如果第三次阅读后仍然觉得值得一读，就用笔在上面做记号。

图 3-2 分阶段把最重要的内容筛选出来

像这样经过慎重思考后再在书上画线，还可以避免书中出现各种无意义的线条，最后连原文都看不清。如果日后想再看一遍那篇文章，可以径直去找书中做好记号的部分。如果没有找到，就扩大搜索范围，先去找折起两角的页数，还没有找到的话就找只折起一角的。

利用书签边读边写

阅读很厚或有难度的书，或是在旅行时对阅读感觉烦腻时，可以根据具体情况，同时进行以上①②③三道程序。这个时候，为了能区分每道程序中断的位置，需要用到书签。

具体做法如下（见图3-3）：

· 准备三枚书签（通读书签、重读书签、标记书签）

· 在"① 通读"一步中断时，夹好"通读书签"

· 通读到某一部分时，开始"② 重读"程序，记得在中断时夹好"重读书签"

① 准备三枚书签

- 通读书签 ■
- 重读书签 ▨
- 标记书签 ▢

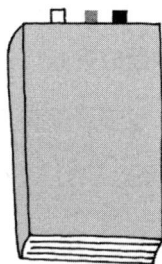

② 在"① 通读"中断时，夹好"通读书签"

③ 通读到某一部分时，开始"② 重读"程序，记得中断时要夹好"重读书签"

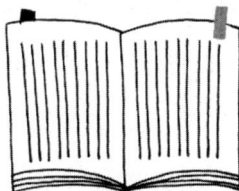

④ 中断"② 重读"程序以后，开始"③ 标记"程序，中断时夹好"标记书签"

⑤ 一边根据需要移动三枚书签，一边继续读书

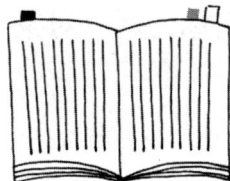

图 3-3　边阅读边做笔记

·中断"②重读"程序以后，开始"③标记"程序，
中断时夹好"标记书签"

·三枚书签都夹在书里以后，就可以准备写读书笔记了

使用这样的三枚书签，在阅读的同时就不再需要钢笔或铅笔了。

读书的时候专心读书，要做记号的时候再拿起笔来。在阅读的过程中如果感觉腻了，就返回前面的内容重读或是做标记，这样就有了多种阅读方式。

以我为例，我在地铁里站着的时候会集中精力进行"①通读"。如果有了空座可以坐下，就开始"②重读"和"③标记"程序，根据当时的情况随时变更读书步骤。

巧用标记区分对象

我一般会用黄色的三菱拉线笔来画线，这种铅笔是我在板坂元所著《思考的技术·绘画的技术》一书中看到的，至今依然爱不释手。铅笔使用起来最方便的一点是

它的笔尖不会像荧光水笔一样易干，而且这种彩色铅笔即使在文字上写写画画也不会覆盖住文字，黑白复印后也看不出来。

不过彩色铅笔的缺点是比普通铅笔粗，不太容易找到合适的笔帽，所以在需要携带的时候，我一般会拿马克笔或圆珠笔的笔帽来盖住笔头。

可以用以下不同的画线方式对标记的对象进行区分：

· **普通直线：** 用于"重要""客观上很重要""暂时先画出"的情况。

· **波浪线：** 用于"非常重要""主观觉得值得重视""想记住这里，以后加以运用"的情况。

· **圆圈：** 用来圈出重要的专有名词、关键词、关键句等需要吸引眼球的内容。

如果笔记本上画的线条太多，重读的时候会影响心情，所以最好尽量少画线，具体例子如下。

值得注意的是，根据《后汉书》的记载，倭国不只是与朝鲜半岛往来，也开放了与中国直接交流的途径。由此可见，在日本列岛的文明化中，存在着朝鲜和中国两种外交途径，两者复杂且紧

密地联系在一起。（《大和王权》吉村武彦 / 岩波新书）

像这样使用不同的符号做标记，既可以省去连续画多行直线的工夫，也可以利用不同的线条区分不同的意图，方便重读时理解符号。

"葱鲔火锅[1]式"读书笔记

做好标记后，可以暂时把书堆放在桌子上，准备有空的时候做读书笔记。写读书笔记之前，要注意以下三项信息：

· 写读书笔记的日期

· 书名

· 作者名

这三个要素足够让你想起"原来那个时候我读过这本书"。如果你还没有养成做读书笔记的习惯，可以从记述这三个要素开始。如果你想多补充一些内容，或是想让这次

---

[1] 即葱段金枪鱼火锅，是以葱和金枪鱼为材料烹制的日本特色料理，其中葱段属于配菜而非调料。——译者注

读书体验更加深刻，我推荐你尝试后面讲的"葱鲔火锅式"读书笔记，这是个让你将读过的好书铭记于心的妙方。

除了上述三个要素，也可以加上以下两个要素。

· 对自己来说重要的内容（摘抄）

· 自己对这篇文章的感想（评论）

接下来就可以着手写读书笔记了。

第一步就是按照前面所说的，写上六位数的日期，内容要用大一些的字体，写得越清楚越好。每次换行都要留一行空白，而每个段落之间留两行空白，写起来会更轻松，还便于日后重读、插入文字和更正修改。

第二步就是摘抄和写评论。首先，重读一遍用笔做过记号的内容，严格筛选出自己认为可以多读几遍的部分。经过五六遍的反复阅读，最后筛选出的内容不会太多。

接着，在摘抄完的文章后面留出一些空白，写上自己的评论。之所以把这种读书笔记取名为"葱鲔火锅式"读书笔记，就是因其摘抄和评论并存的特征，正如这道菜中鱼肉和大葱的关系一样。

摘抄部分用"○"表示，而运用自己的语言表达的感想和补充说明则标上"☆"，以此作为区分，交替标在每个段落前。

把"葱鲔火锅式"读书笔记落实在纸面上，就是如下格式：

［080715］《决定人类未来的50件事》/杰西卡·威廉姆斯 / 草思社

〇自杀者中有三分之二是因为抑郁。（P180）

☆作者说，世界上的自杀者比在战争中死去的人还要多。人类在战争年代会死亡，在和平年代也会死亡，真是不容易。

〇所谓奴隶，就是被剥夺了人权的人。即使是这样，奴隶社会中也存在对待奴隶人性化的情况，奴隶们在饥饿或者生病的时候是可以不工作的。但在现代社会，奴隶就是一次性的财产，被贱买贱卖。

☆以前的奴隶是长期雇佣制，而现在的则是因为抵押贷款而被人身买卖。为了事后不留麻烦，奴隶们被送去做合同工或零工，被任意驱使。一个人活在世上，最不可或缺的到底是人权还是金钱呢？

"〇"后面是摘抄。注意不要省略，要保持原汁原味。"☆"后面则是自己的评论，写一些对摘抄内容的感想、思考或补充说明。

看到不同的符号就能知道后面的是自己的感想还是作者的表述，这种区分方法很明确。如果这样做，重读的时候就不会分不清是摘抄还是评论了。

摘抄和评论交替进行，是为了在摘抄以后，趁着印象还鲜明写下自己的感想。要是等摘抄完所有文章再去从头开始按顺序写评论，一定会忘记之前看文章时的感想。就像每做完一道数学题都要马上对答案一样，自己的思考也需要立即落实到纸上。

感想不一定是成形的东西，写几句"好棒！""什么？！"也未尝不可。如果一心想写得完美，只会让自己越来越难下笔。

只要记得重点放在"**摘抄对自己来说很重要的文章**"和"**写主观评论**"上即可。即使客观上很重要，如果眼前的信息无法与自己在感性层面上产生共鸣，那么再读多少次也不会有感想。

"葱鲔火锅式"读书笔记是读书笔记的一种基本形式，目的是证明自己读过好书。但是如你所见，这样做笔记很花时间，我们不可能有精力把所有读过的书都做成这种形式的读书笔记。所以我们还可以根据对作品的重视程度改变笔记的写法。

比如像"文件整理技巧"一类的纯实用技巧书，可以不去摘抄，而是只标记"☆"并总结要点。如果是小说等休闲读物，可以直接分条书写自己对这本书的感想。

说句老生常谈的话，只有把读书笔记控制在自己能力允许的范围内，才能长久地坚持下去。所以，要选择对自己来说比较方便的笔记方法。

在精力不允许时，可以一边省略一边把"葱鲔火锅式"读书笔记的摘抄和评论一口气写完。如果还是觉得不够快，就直接记下书籍资料，也就是把书名、作者和出版社写在笔记本上。即使记录得很简单，也可以让这次读书体验给自己留下鲜明印象。

也许你很想踏实地做读书笔记，可是抽不出时间。面对这种情况，可以把这件事分成好几次来完成。关于一本书的读书笔记就算分散在几个地方，只要是在这本笔记里，之后仍然可以通过我将在后面介绍的检索系统来重读。

如果觉得"这就是属于我的那本书",就用"葱鲔火锅式"读书笔记来记录吧,这种细致的处理方式一定会让这次阅读成为难忘的体验。

通过摘抄促进对书的消化

摘抄是很费时间的,但即使如此,我还是希望你能尝试一次。不试试的话,你是无法体会摘抄带来的惊喜的。

摘抄的第一个好处是,可以**促进、加深对书的记忆。**

作家井上厦在《书的命运》(文春文库)中提到,他会在看报纸或书时把有疑问的内容全都摘抄到一本名叫"摘抄本"的大号笔记本里。为了方便参考,还会写上出处和页码。"这样的笔记本,我一年能写完五六本。神奇的是,如果附上编号,你甚至能知道这段内容在哪一本书的哪部分。正是因为写过,你才能记住。所以,虽然只是把文章按原样抄写一遍,但这是效果最好的记忆法。"

　　也许你会觉得没必要抄写，可不可以只写要点？要知道，想总结出完美再现作者意图的要点是很困难的。试一试就知道，总结要点比抄写原文还需要动脑，更容易让人产生疲劳心理，所以还是抄写原文的好。

　　摘抄不需要多加考虑，只需要抄写原文就够了。而且，因为作业量＝字数，很容易估算摘抄需要的时间。如果只写要点，日后重读读书笔记的时候就会感到迷茫，"这到底是引用原文还是我自己的感想呢"。

　　摘抄的第二个好处就是，这样做可以**加深理解**。

　　在摘抄的过程中，你很容易发现作者经过反复思考、藏在文章里的机锋。虽然写得太详细容易脱离本书主旨，但这种发现也是一种有效的学习和积累。

　　最后让我来介绍几个可以让摘抄变得更顺利的小窍门。首先，抄写时要尽量减少视点的移动。如果书和笔记本的距离太远，很容易在视线转移的过程中逐渐忘记自己要写的内容。还有，为了防止写串行，可以在想要抄写的内容上贴好便利贴再抄写，或是直接把笔记本叠在书上，让书离笔记本更近一点。还可以用大号的别针或镇纸等固定好书籍，这样即使不小心把书合上了也不用担心。

寻找最具代表性的语句

只有让自己感动的段落才值得摘抄，比如遇到以下情况时：

"第一次看到这种描述，可以把那种感觉表现得那么好。"

"原来还有这种看法！"

"这种说明让人信服。"

"这种表现太酷了！"

"虽然不太懂什么意思，但还是觉得挺棒的。"

重点是，**一定要摘抄让自己心动的语句**。至于其他的内容，不管是客观来讲很重要的段落，还是作者想强调的部分，只要没有共鸣，都不用摘抄，毕竟那种内容只要看看目录和前言就懂了，其他人会在博客或亚马逊书评里替你总结好的。带着主观的心情去读书，是学者和编者都没有的、只属于普通读者的特权，应该放心享受才是。

另一方面，选择摘抄段落时，不是找让人觉得"理应如此"的文章，而是觉得**"这么一说确实有道理"**的内容。

读过一本书以后，对书中内容感同身受固然让人心情愉悦，但这也代表这次读书没有给你带来新东西。相反，如果一篇文章颠覆了你之前的想法，使你的认识发生动摇，在抄写和重读的过程中仍然会让人信服或是感觉震撼，这种文章才是值得摘抄的。

如果要摘抄的文章太多了，该怎么办呢？

首先要经过严选文章来减少摘抄量。如果文章实在太长，就选择其中一个段落摘抄。找出代表这篇文章的关键句或者抽出关键词，削减不需要的部分。几个月后重读时再看到经过提炼的摘抄段落，虽然一瞬间看不太懂，但是几秒钟后就会反应过来，这样的摘抄效果是最理想的。

如果只看摘抄还是不懂，可以参考前述例句"作者说，世界上的自杀者比在战争中死去的人还要多"，在☆记号后面的评价栏做好补充说明。

筛选关键句的工序本身也是一种重读。筛选关键句，就是在文章中找到所有语句围绕的中心句，而找到**最能代**

表这次读书体验的语句是最理想的状态。举个例子，同样是比喻，把一件事比喻成下棋和打棒球在人心中引起的共鸣是不同的，这就全靠你的主观选择了。

抄写太长的文章太麻烦，但又找不出合适的关键句的时候，可以把**小标题**抄下来。小标题是作者或编者倾注了相当多的心血提炼出的语句，可以将其当作最具代表性的语句摘抄下来。

还有，如果在一本书上做了很多标记，那么在写读书笔记之前还是暂时将其放置一段时间吧。即使是读完后认为受益匪浅的书，过一段时间以后也会变得"不过如此"，需要摘抄的内容也会随之减少。

正因如此，放置一段时间后仍然经得起考验的文章，才真有价值。

激发思想的火花

制作"葱鲔火锅式"读书笔记，需要你在摘抄文章以后一定加个☆符号，并在后面写上自己的评论。

　　也许你会问，既然都已经摘抄过了，就没必要特地把自己的感想和思考也写上吧？你可能觉得如果写上自己的评论，好不容易提炼出来的书中精髓会被自己的文字干扰，影响读书的心情，但我觉得这一点无所谓，**自己当下的想法**才是最重要的，摘抄这一段文章的原因和自己当时的想法才是日后值得参考的贵重资料。而且，把作者的话与自己的话放在一起，也是感受"**落差**"的好机会。自己的评论可能只有"真棒"之类没有什么技术含量的语句，但也可以通过这件事来正视自己的不成熟，从而养成不管是什么想法都立即写下来的习惯。

　　你所做的一切，都是为了保存好读书过程中获得的思考，防止与好点子失之交臂。所以不管是多简陋的一句话，都应该转化成语言，踏踏实实地落实到纸上。

　　好主意不会凭空出现。不论是什么想法，都一定是对某种刺激做出的回应。所以，只有看到一个名为"好书"的好球飞过来，我们才能打出那个名为"好主意"的绝妙击球。

这样看来，读书时获得的感想正是**原创思考的源泉**。

举个例子，读过《上两年班就辞职》（山崎元/幻冬舍新书）以后，我是这样在读书笔记里做摘抄的。

〇正如 2007 年浮上水面的"次贷危机"造成了海外大型证券公司市场信用急剧下降，如果在功利主义的驱使下出现了不正之风，造成的后果大多很严重。功利主义就是一种放大风险的装置。（P47）

针对这样的内容，我写下了如下评论。

☆既然不管损失 10 亿日元还是 100 亿日元，横竖都是死，身为上班族的投资者会选择赌成功后报酬多的，也就是 100 亿日元的那个选项。所以功利主义是诱发赌博经济的起因。

"功利主义=危机扩大装置"这一说法，只要理解了书中内容就能明白。也就是说，这只是现学现卖，但是读了这些，再像下文一样写评论，效果就会完全不一样。

☆日本泡沫经济崩溃后也引发了亚洲的通货膨胀和美国等多国的泡沫经济现象。这样看来，难道功利主义不止会招致危机，还会制造泡沫吗？如果功利主义这样根深蒂固，那么从长远来看，岂不是会导致泡沫经济连续发生？所以也有人说，泡沫经济就是美式功利主义和金融经济的结局。

姑且不论这个学说正确与否，这篇评论就是以这本书为契机而发散出的"自己的原创思考"。

亚瑟·叔本华在《论读书》中写道："如果你觉得读书就是为了模仿别人的想法，那么这是思想上的懒惰。请丢开书本自己思考。"虽然我们不必做得那么决绝，但读书在某种程度上确实是让自己"搭上了思想的便车"。

既然已经被书带到了一定的思想高度上，那么接下来的路多少也要依靠自己的思考来走完。具体来说，就是用"葱鲔火锅式"读书笔记来做摘抄、写评论。这样的一本读书笔记，是以书为媒，创造出了属于自己思想的舞台。

剪报式读书笔记

目前为止，我介绍的都是**"写出来"**的读书笔记，接下来我要说说**"贴出来"**的读书笔记。这种读书笔记就是把下列"与书相关的东西"收集起来，结合读后感等内容

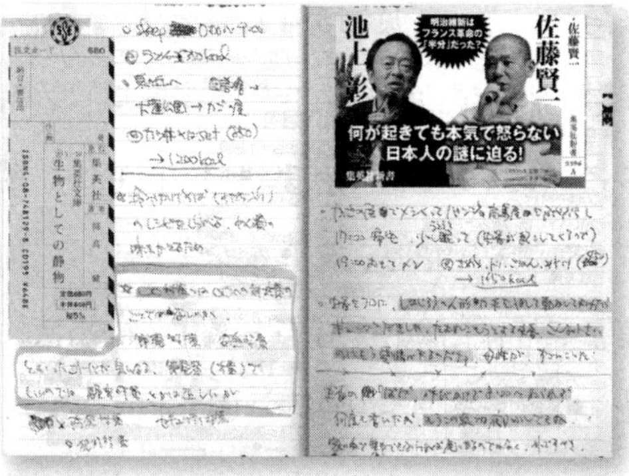

把书腰和信息卡片贴在读书笔记里。贴上不同的纸片不仅会让笔记看起来更丰富，还会因为接触到了"实物"而印象深刻。

制作剪报式读书笔记时不可或缺的就是书腰。书腰的外观设计和摘抄的关键句都是很有特点的。重读的时候看到笔记本里的书腰，你自然地回想"这样特别的书腰是哪本书的呢"，接着就会想起书的内容了。

图3-4　剪报式读书笔记

收藏起来的笔记方法（见图3-4）。

· **书腰**：把书腰剪裁成适合笔记本的形状后粘贴在笔记
本上。书腰上不仅印有提示书中内容的关键句，还有
作者的照片等信息，贴在读书笔记上可以加深印象。

· **信息卡片**：卡片上印有书名、作者和出版社等书籍信
息，可以节省抄写时间。

· **书签**：每个出版社的平装书或新书中都可能夹着不同
样式的书签。在书名旁边贴上书签会很醒目。

· **其他**：也可以把夹在书里的广告、宣传单等与书相关
的部分剪下来粘贴在笔记本里。

还有，在旅途中买到的书有时会贴有当地书店专属的卡
片，这些有特色的卡片都可以撕下来贴在笔记本里。日后重
读笔记时，可以通过这些实物回想起买书的地点和情形。

这些"纪念品"会陪伴你走过从买书到读完的整个过程。
如果是在旅行途中就已经读完了，可以把火车或飞机票也
贴在笔记本里，以此来提醒自己读这本书时的地点和场景。

正如在电影院看电影比在家里要印象深刻一样，采取
这些行动后，你一定会对书的内容印象更深刻。

像这样利用一切相关事物记录与书的交流过程，可以加深大脑对读书体验的印象。回想起来的概率增加了，针对书中内容的思考也会因此增加。

复印粘贴以备重读

出人意料的是，把书中的内容复印下来贴在笔记本里也有不错的效果（见图3-5）。

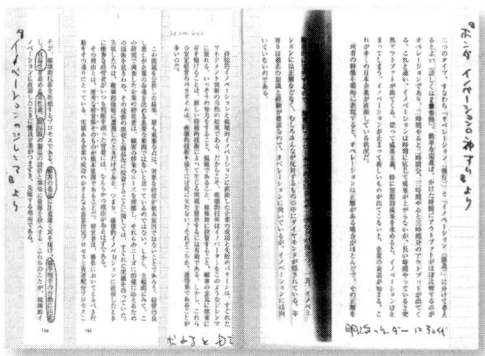

为了写好读书笔记，要严格筛选需要复印的一页。复印件便于阅读，方便养成阅读习惯。复印件的字体和排版也更容易让人回想起阅读时的场景。

图3-5 把书里的内容复印下来粘贴好

　　在书中做完标记以后，挑选一两处内容复印下来并裁剪好，再把剪报粘贴在笔记本里，最后在旁边写上评论或做标记，这样做并不会费多少工夫，却把书中的字体、排版和页面布局等元素都原封不动地留在了笔记本里，更加深了你对书的印象。

　　有时，你在用完参考文献的复印件后会当场扔掉，那样未免太浪费了，应该贴在笔记本里。也许你会问，这样偷懒不太好吧，难道不应该抄写下来吗？但是你试着做一做，便会发现这也有一定的效果。

　　首先，如果在自己随身携带的笔记本里粘贴上最喜欢的书里最有意思的几页内容，心情也会跟着明朗起来。其次，复印件会比手写件更便于阅读，便于养成"一取出笔记本就翻看几页"的阅读习惯。

　　读书的时候，要注意认真用笔做记号、写评论。如果已经用圆珠笔做过记号了，那第二次标记就用签字笔，或者根据阅读次数更换画线的种类，这样就能一眼看出贴上去的文章读过的次数了（见图3-6）。

　　那么，怎样选择需要复印的文章呢？用一句话来说，

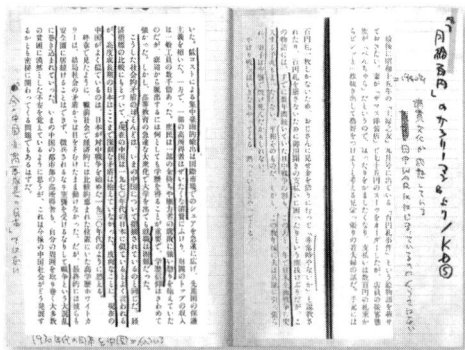

与手写摘抄不同，粘贴复印件更便于用钢笔或马克笔进行标记，这也是复印件的一大优点。每次重读都可以留下不同的标记，日后可以通过标记的种类得知自己对文章的兴趣深浅。

图3-6 不同的重读标记

就是最贴近这本书主旨的一页。**这一页，正是这本书里最具代表性的一页。** 比如，我最近读了三岛由纪夫的随笔集《为了年轻的武士们》，这是本很有深意的书，因此我做了十几处标记，但最后贴在笔记本里的复印件只有一页。

那一页的内容是三岛与福田恒存的对谈，关于死亡，他是这样说的："如果一个人总是把对死亡的觉悟挂在嘴边，总让人感觉有些虚伪。"这句话最能体现三岛由纪夫的作家天性，也暗示了他日后自杀的结局。

如果像这样自主地选择"能够代表这本书的段落"，那么在重读的时候就可以通过这一页连锁式地回想起这本书的其他内容了。在有限的时间内，只需要读短短几行字就可以引发各种各样的思考，是不是很有效率呢？

重读书评以加深思考

写完读书笔记以后，如果笔记本里有这本书的书评，建议重读一遍这篇书评。

假设几个月前你在看过书评剪报后买了一本书，这几天刚刚读完。采取"葱鲔火锅式"或"剪报式"笔记法做完读书笔记以后，可以重新往前翻阅笔记本，找到之前的书评重读一遍。

读书笔记是自己和书的对话，所以不需要别人的观点，但如果在做完读书笔记以后重读书评，就可以参考"**第三方的观点**"，换个角度审视自己的这次读书体验。于是你会发现，"原来对自己来说有着某种意义的书，在这个人眼里是这样的"。

当你感受到自己与他人观点上的差异，就可以在读书笔记里补充一些内容了。我甚至还会把笔记本里的书评重新复印一遍贴上去，虽然内容有些重复，但是更方便参考。

让我举个现实的例子来说明吧。

几个月前，我在浏览《读卖新闻》时，看到齐藤美奈子的连载《名作背后的故事》里提到了冈仓天心[1]的《茶之书》，当时就觉得"几年前我好像读过这本书，当时很受触动，不如再看一遍好了"，于是我把报纸上的连载剪了下来。

隔了一段时间后，我终于开始重读这本书了。这次我把重点放在了第四章"茶室"上，并展开了写读书笔记的工作。

　　〇人无法同时倾听多首音乐，这是因为想真正理解美的事物，需要把注意力集中在一点上。

　　☆只有不断地削减和精炼，才能更接近事物的核心。"一丝

---

[1]　日本明治时期著名美术家，"亚洲一体论"建立者。——编者注

多余的东西都没有"其实是一种奢侈。（P59）

　　○实际上我们常常因为虚荣心过剩、过度表现自己而苦恼，有时候连退一步只做到自爱都觉得索然无味。

　　☆这句话真妙。通过在茶室（空间）里倒茶（行为），使自己摆脱了自我意识。日本人的精神文明在镰仓和室町时代简直到达了顶点。

　　直白地说，我是为了让混乱迷茫的心平静下来才开始读《茶之书》的，摘抄完文章以后重读书评时，却意外发现自己读这本书的方法是错误的。

　　比如，针对《茶之书》一书结尾千利休[1]切腹的场面，齐藤是这样抒发自己的感想的：

　　最后的茶会之后，千利休穿上白色寿衣咏唱了辞世的诗句。"汝来吧，永世不朽之剑！见佛杀佛，见鬼杀鬼，汝将开辟出汝之道路。"然后，"利休脸上浮现出微笑，去往未知的天国"。

　　这也太酷了吧！

　　啊，确实壮烈，但这本书里写过这样的片段吗？我重

---

[1]　日本茶道鼻祖，因触怒丰臣秀吉被勒令自杀。——编者注

读了一遍《茶之书》，发现作者真没这么写过，有的只是两句简短的绝唱：

> 人生七十，力围希咄，吾以此剑，祖佛共杀。

> 利休脸上浮现出笑容，随即命赴黄泉。

出于好奇心，我重新研究了书评，发现原来是翻译的不同（《茶之书》以英语撰写）造成的。齐藤的书评是参考讲谈社学术文库版的《茶之书》而写的，而我读的是岩波文库版。

但我还是好奇为什么这首辞世诗会被翻译成"汝来吧，永世不朽之剑"，读过岩波文库版的解说以后，我发现利休的诗句中的"力围希咄"是一种感叹词，相当于"哎呀"或"怎么回事"，这样的译法也有道理，这让我对英文版原著充满了好奇，还想读一读讲谈社学术文库版的翻译。

看来读这本《茶之书》，不止能领略茶中蕴含的精神，根据阅读角度的不同，还可以认识利休和冈仓天心这些为了"美"而付出生命的人物——通过书评，我脱离了我习惯的角度，看到了完全不同的一本《茶之书》（见图3-7）。

　　由此可见，对比书评和自己的感想，可以让后者变得不那么绝对化。所以，只要把书评报道保存好，多读几遍，就可以享受多重的读书体验。

经过时间积淀的精华

　　按照刚才的步骤做好标记的书，可以先在桌子上放置一段时间后再做读书笔记。只要堆放在桌子上，那些图书自然就是提醒你写读书笔记的定时器。如果读完就放进书架，恐怕过一阵子就忘得一干二净了。

　　如果需要写读书笔记的书积攒了好几本，该怎么办呢？

　　举个例子，有一本书已经读完半年多了还迟迟没有着手做笔记，该怎么处理呢？先别觉得懊恼，从某种意义上讲，这可是件幸运的事。因为读完一本书的时间越长，在读书中产生的感情变化就会越模糊，你就越能冷静地看待书中的观点。

　　所以，写读书笔记时不要在意这本书已经被放置了半

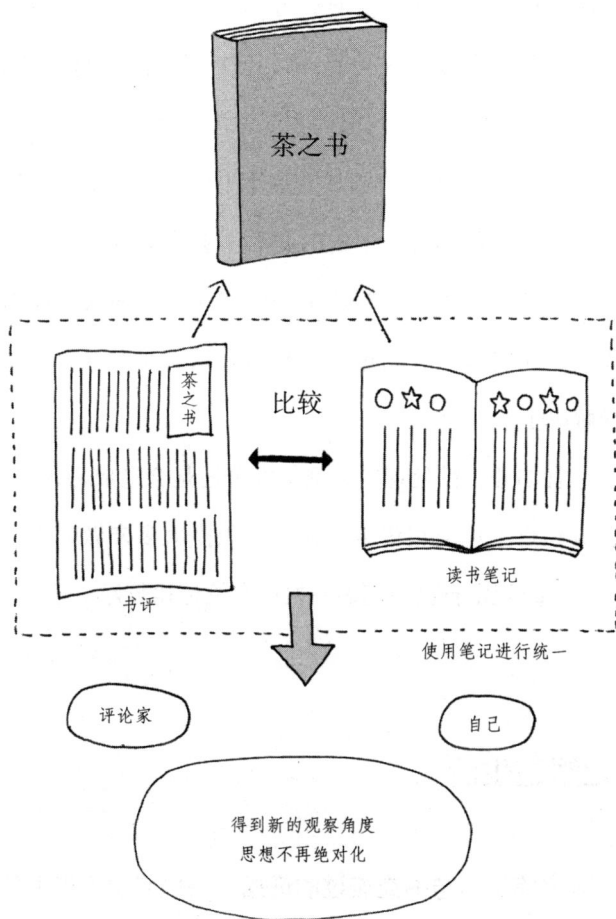

图 3-7 比较自己的感想和书评

年，而要更加关注那些依旧魅力不减的内容，摘抄、复印那些你**仍然觉得很棒**的文章，写上**过了半年以后你又想到的事**。这些都是需要经过时间积淀才能做到的。

　　这样一来，也许你当初看这本书的时候画出了十处以上自认为不错的内容，一段时间后就会变成两三处。按照刚读完时的感动程度，写这本书的"葱鲔火锅式"读书笔记需要一小时以上，而过一段时间后只需要十五分钟就能轻松解决了。

　　尽管如此，没处理的书堆得太多还是会造成心理压力，而且放在桌上也会很碍事。为了不积攒太多未做读书笔记的书，还是规定自己每周做一次读书笔记比较好。

笔记塑造生活

　　读书笔记是**与书交流过的证据**。一般来说，把书放上书架就代表自己已读过这本书了，但做过读书笔记以后，即使手边没有书，也可以留下与书交流过的证据。

如果没有重读一本书的计划，可以通过重读读书笔记来重拾对这本书的了解。

可以这样说，只要在写"葱鲔火锅式"读书笔记时把书中重要的部分和自己的感想统一总结在笔记本里，就没有保存原书的必要了。如果日后想读那本书，就可以拿出读书笔记来重读。

我每年都会处理几次旧书，把不用的书扔掉，藏书就不会挤占生活空间。《书斋曼荼罗》(矶田和一／东京创元社)一书用形象的插画表现了日本最具代表性的读书爱好者们如何对待不断堆积起来的书籍——有人把书铺在地板上，踩着书籍生活，确实很有意思。

这里我推荐用读书笔记来减少藏书量。如果有些书真的令人爱不释手，或是需要经常重读，可以放在家里取放方便的书架上，不必丢弃，只留下真正的好书。丢弃其他书籍时，你会有一丝不舍，因为这可能是你与这本书最后的诀别。所以，至少要做好读书笔记，在想起那本书的时候才能有所慰藉。

读书体验比书本身更重要。

　　请找到那本能够成就自己的书。失落的时候，走投无路的时候，那本书都会成为自己的心灵支柱。拿我自己举个例子，很多书塑造了现在的我，但如果一定要挑出一本，那本书就是法国哲学家阿兰的《幸福散论》。

　　作家北方谦三先生曾经写道，去旅行的时候，他会在行李里塞上一本自己已经读过的很有意思的书。理由很简单，就是"很想把这本书带在身边"，仔细想想，这样做确实有道理。

　　我们需要一些能与自己长期共处的书，比如旅行时想读的书、难过时想读的书，而寻找它们正是我们平时读书的目的。等精神上感到挫败后，再去寻找能让自己振作的书就来不及了，所以平时要多做笔记，把能让自己焕发精神的书记录在笔记本里，这样才能有备无患，心理健康方面出现问题时才能及时得到帮助。

　　通过写读书笔记，你就可以找到一本**"读了它我就可以做自己"**的书，给自己坚实的心理支撑。

　　我在书架的一角开辟了"爱读之书区域"，这里放着对工作有帮助的实用技巧书、值得参考的优秀文集、令人心旷神怡的文艺作品、帮助梳理心情的哲学书，还有烦恼的时候阅读会为你提供启示的励志书。平时读书的时候，不断寻找能放进这片区域的书也是一种乐趣。

第四章

通过重读笔记提高自我

学以致用的读书体验

本章讲述的是笔记读书法的最后一个步骤。写读书笔记的五个步骤中，最后一步就是"**活用**"。如果想要以第三章做好的读书笔记为跳板，帮助自己进行原创文章或思想的输出，具体应该怎么做呢？

必须说，这一步还是离不开读书笔记。通过写读书笔记，读书已经成为一次成功的**体验**。而做笔记的最后一步要做的就是把这次读书体验利用起来，将其转变为自己的精神财富。

首先我们需要区分两个概念，"吸取精华"意味着原封不动地吸取书上的知识，而"读书体验"具体如下：

"书上写的这些，我是这么理解的……"

"以此为契机，我想到了这样一件事……"

对比之下你会发现，只有在读完书后对书中内容做出反应，进行主动思考，才能真正掌握这本书的内容。正是出于这个原因，我才会在第三章强调一定要把自己的感想写在读书笔记里。

读书笔记是一种升华工具，可以让读书活动完成从生

搬硬套到独创思维的飞跃。

之所以称读书为"体验"，是因为它会让你想起关于这本书的书评、博客文章、商务书籍和生活中的对话。这些点点滴滴，都会成为某种思考的线索。

在读书笔记这一产物中再生产出原创文章，就像把一把刀磨得更加锋利。在原创文章中产生的思想，也一定是更加细致、深刻的。

在撰写和参考笔记的过程中，我们持有的信息会随之更新，同时也会不断发酵。如果更进一步写出书评，甚至还会有更多新的发现。

从购书清单开始，反复阅读一本书，消化内容后提炼出精髓——通过这样一个过程，我们自然能够轻松理解、掌握书中的内容。

积极输出促进思想内化

很多人都有过这样的体验：漫无目的地与人说话时，虽然说的内容是支离破碎的，但在阐述的过程中，语言会不断得到整理，思维也会逐渐清晰。

为了向对方传达自己想说的内容，我们会自觉地把原来杂乱无章的想法组织起来，然后才能通顺地说或写出来。由此可见，向别人表达自己的想法可算是最常见的思想输出。哪怕是你自认为非常了解的事情，一旦需要向别人说明或写下来，还是会出现很多模糊不清的内容。正因为这样，演讲和写作都需要经过全面的准备才能开始。

知道自己要在别人面前表达自己的想法后，我们才会去调查那些我们从未在意过的出处、资料，重新审视自己的观点，建立起系统的知识体系。这时你会惊讶地发现，这个补充学习的过程就像从零学起一样，需要费不少功夫。而能够正视这些辛苦工作的人，最后都不再对知识一知半解了。

就拿对政治的了解来说，我们可能会在理发时与旁人闲聊几句政治话题，每天接触政治的记者也数不胜数，可是能正经写出政论的人却少之又少。这说明即使掌握再多信息，如果不去积极输出，也无法形成知识体系。也就是说，人并不是因为无所不知而去发表演讲或出书，而是通过演讲和出书让自己达到了新的高度，成为某一领域内的专家。

这样看来，写读书笔记时遇到的"**应该摘抄哪段文章**""**应该如何评论这点**"这两个问题，实际上就是思想输出的第一步了。

读书笔记并不是写完放好就万事大吉了。如果在读书时发现了感兴趣的内容，就应该扎实地多看几遍，偶尔还需要把读书笔记完完整整地翻一遍，了解自己到目前为止都读了什么书。这样的反复输出，也可以说是在对自己灌输思想。而通过这样的过程，已经消化过的信息又经历了一次精细的咀嚼。

在固定场景中重读笔记

为了更好地消化书中内容，我们需要重读读书笔记。每重读一次，每增添一条评论，都是加深理解、开放新视野的好机会。可是，如果只是漫无目的地翻开笔记本开始看，恐怕不太容易集中精神。怎样重复阅读才让人更容易坚持呢？

我建议选择一个固定的场景进行重读。首先，在自己的生活圈里选择一个"**重读笔记时间**"，睡前或是洗完澡以后都可以。

像我就把重读时间定在了晚饭后到睡前的空闲时间（大概是19点到21点之间）。在这个时间段里，有时候需要洗衣服，有时候需要给孩子洗澡，还要帮忙做点别的家务，孩子也会在这个时间跑来跑去，在这样的环境里是没办法静下心来读书看报的。但如果是看笔记，因为在书写的时候就会注意把内容安排得很分散，只需要花几十秒就可以全面浏览了。同样是重读，这可比重读一遍原书要简单多了。

还有在出差途中乘坐飞机或火车时，读书看报期间感到疲劳时，甚至是闲得无聊时，都可以拿出笔记重读一遍。总之，要为重读笔记创造一个轻松愉快的氛围，就像出于好奇而翻读旧报纸，为了消磨时间而翻看字典或图鉴一样，在不知不觉中吸收信息。

你翻开几周前制作的读书笔记时也许会感慨"哎呀，我原来想过这么奇怪的事情"，而当你翻开两三个月以前的笔记时说不定就会惊讶，"原来我还读过这本书"。这就是重读笔记带来的惊喜。

养成重读的习惯

如果你决定了要在什么地方重读笔记，却迟迟不能开始行动，不如尝试把重读时间也安排好。具体做法是量化重读频率，**可以是一周一次，也可以三天一次**。把重读计划写在日历或笔记本里，可以提醒自己。到了预定的那一天，不管发生了什么，你都会要求自己把读书笔记打开。

如果不想特意去量化时间，也可以规定自己"笔记本用完后一定要重读笔记"，在此过程中还可以把重要的笔记转抄到新的笔记本上。那么，**在什么地方**重读笔记比较好呢？在公司或者拥挤的电车里似乎是行不通的。就像读书一样，看笔记时也需要**独处**，这样才能集中精力。

推荐在自己家或公司附近找个安静的咖啡馆。可以在那里安静地读读书、做做笔记，或是重读过去做过的读书笔记。麦当劳和星巴克虽然看起来很嘈杂，但也会有人少的时间段。如果可以的话就多去几次，调查好不同时间段的客流量，如果某个时间段适合重读笔记，选择这样的地方也未尝不可。

写读书笔记的时候，要多思考怎样写能更方便日后的阅读，比如可以在笔记本里粘贴一些纪念品、复印件，这样看起来会很漂亮，而且会比只有手写文字的笔记本更有吸引力。

在制作"葱鲔火锅式"读书笔记时，如果选择喜欢的钢笔和墨水认真书写，那么再打开笔记的时候心情一定会很舒畅。正是这些细微之处决定了重读笔记本时的情绪。

而且如果你绞尽脑汁为了下次重读设计内容，就会对笔记本产生感情，走到哪里都自觉带着笔记本，这样自然会增加笔记本的使用频率。

就像我之前说的，可以写在笔记本里的并不仅限于读书相关的内容，还有日常的记录和突发奇想。所以，凭自己的意志去书写、参考的话，不知不觉中也会增加重复翻阅的机会。

我在工作时会把笔记本放在桌子上，感觉思绪进入死胡同或是有些疲劳的时候习惯把笔记本拿出来翻翻看。就这样，重读笔记成了我日常生活中一个小小的乐趣。

在重读过程中有所收获

即使是漫无目的地重读，也会有些新的发现，遇到意想不到的好句子。读书笔记里记的大多是自己亲手抄下的选段，过一段时间再拿出来看看，会发现过去觉得很美好的文章更美好，以前只是一知半解的语句现在已经可以彻底理解了。

2013年1月，我在读过捷克作家卡雷尔·恰佩克的《各种各样的人》（平凡社）以后写了相关的读书笔记。最近重读这本书的读书笔记，我看到里面有篇《美国派》，这是1926年卡雷尔·恰佩克写给纽约报社发行人的一封信，主要内容是对美国文化进行批判。

虽然不太明了，但我总觉得这篇文章里面"有些对我来讲非常重要的内容"（当时正值年初，我做笔记的热情也比较高），于是我花了几天时间，把多达九页的全文都抄了下来，还写了评论。

抄写的时候，让我觉得很有意思的是恰佩克盖房子的小故事。他当时想盖一座古典风格的房子，开工以后却迟迟没有进展，因为瓦匠和木工们要么罢工，要么热衷于聊天，不然就是大中午去喝啤酒，结果一座小小的房子竟然花了两年才建成。据说这样的房子在美国只需要三天就可以盖起来，但是，恰佩克认为这种"迟缓"正是欧洲精神的伟大之处。在这两年的时间里，他会去工地做监工，与工匠们交流，"我和我的家就这样建立起了非常亲密的关系"。

当时我就觉得这个故事很棒，但又不知道怎么表达，于是只写了一句"有意思"。但这次重读竟然让我领悟到了这个故事的精髓，那是我在读到下列原文时想到的。

我在欧洲做过很多工作，期间听别人说在美国有这样一位大人物，他会在火车上口述一封信，让秘书帮自己写下来，会在汽车上为大型会议做准备，或是边吃午饭边开小会。而我们传统欧洲人则是该吃饭的时候就吃饭，该听音乐的时候就专心听。这两种生活方式恐怕都是在浪费时间，但都没有浪费自己的人生。（P289）

　　读到这里，恍然大悟的我赶紧拿起笔画了线，并这样写道：

　　浪费时间不算什么，但请不要浪费人生。

　　我之所以觉得恰佩克盖房这个小故事很有趣，是因为故事里登场的恰佩克和工匠们虽然花了两年时间才把房子建起来，但都过得很充实。也就是说，他们虽然浪费了时间，但都没有浪费人生。

　　这段话，至今依然是我生活中重要的座右铭。

　　如果你想在多读几遍书后就有**个人发现**，恐怕是很难的，因为并不是说工作或办事的时候顺便看一眼书就能有效读书。但读书笔记不一样，只要有一点空闲就可以简单地重读一遍，带来新的发现。

通过重读为思想增色

在阅读读书笔记，也就是那些摘抄和评论时，有时甚至可以达到重读一遍原书的效果。很少有人愿意花费跟第一次阅读一样的精力去把原书重新读一遍，所以我推荐重读一遍读书笔记。像这样：

- **想要简单回顾时——重读读书笔记**
- **想回忆起更多时——参考书中的重点段落**
- **想从头开始看起时——重读原书**

按照自己对参考的需求，可以随意安排自己重读原书或笔记。但不管是读书还是读笔记，最重要的是能够回忆起书的内容。你可以通过读书笔记来丰富本次读书体验，也可以偶尔从书架上拿下笔记重读一遍，这样的积累会让你真正掌握书中的内容。

当你不耐烦地觉得"这本书我读过很多遍"时，你已经开始有了自信。如果说读书是为了丰富自己的思想，那么读书笔记的作用就是让自己更有深度。有位评论家说："如果拥有五本可以随时拿来重读的书，那么你已经成为一位出色的读书专家了。"为了发现这样一本**只属于自己的好书**，在首次阅读一本书的时候，就要注意不只要享受其中的内容，还要为了重读而认真地做好笔记。

重读的效果不仅仅是加深记忆，还可以谱写自己与书之间特别的故事。如果把一本书比作一个"场所"，那么读书笔记就是在这个场所拍摄的**照片**。在不同时间去同一个场所拍照，拍出来的照片都会有所不同，而过一段时间再去看这些照片，对那个场所的印象也会发生变化。

你可以重读一遍读书笔记，也可以索性重新写一遍读书笔记，这些都是你独创的**本书专属阅读法**。如果你真对一本书很有感情，我建议你在几年后重读时重新做一次读书笔记。比如，我很喜欢乔治·奥威尔的《一九八四》，每次重读时都会再做一次读书笔记。因为这样的不断重复，我会在看报的时候忽然想到"这部分好像《一九八四》中的那一幕"，遇到什么事都能马上将其与书中的内容联系起来。

这样的书只要再有三本，就有足够的信息可以随时拿来参考。遇到现实中的问题时，多想想"那本书里是怎么说的""那位作者是怎么说的"，像这样退几步考虑大局，就可以避免目光短浅地下结论。

过去的读书体验在读书生活中的运用

读书的时候，**"事先扫平障碍"** 是道重要的工序。先从简单易懂的部分开始读起，能帮助理解较难的内容。比如看完一本书的前半部分以后就写一部分笔记，写好了再去读剩下的部分，会比只是从头到尾读一遍理解得更深刻。如果觉得很难做到，可以逐章、逐项地写读书笔记，一点一点地进行。

同样的原理也适用于同时阅读几本书的情况。如果读不懂《微观经济学》，就先读一遍《漫画经济学》，做好笔记后再去读前者会更容易理解。在读较难的专业书时，也可以运用这个方法来过渡。

初次读一本书时，如果以前读过这位作者写的其他书，也可以拿出当时的笔记重读一遍。通过这样的过程，你可以回忆起以前读书时的场景，带着当时的问题去读。"以前

读这位作家写的书时，他这个观点总是让我很困惑，这次
不知道会不会理解"，带着这个问题去读这本书，一定会得
到跟之前不一样的答案。

读过一本书后到第二次拿起书的这段时间里，读者本
人会经历一些事，发生一些改变。因为我们每天都会在日
常生活中收获一些新的知识或信息，所以，对书中内容的
感想和理解自然也会发生改变。

所谓"摘抄"的对象是**当时自己认为很重要的段落**，"评
论"的对象是**当时自己的问题、思想和表现力**。单是作为
思想的仓库，读书笔记就具备坚持下去的价值。

所以读书时最好不要让自己"空手上战场"，而是做好
准备，把过去的读书体验运用到今天的读书生活中。

在博客上写书评

如果把读书过程比喻成做菜，那么第二章的"购书清单"
就是购买食材，第三章的"写读书笔记"就是洗菜切菜，接

下来要说明的"通过读书笔记进行思想输出"就是开火炒菜了。

好的读书笔记就像认真洗好切好的蔬菜和鲜肉一样，可以随时拿出来根据需要进行输出。那么，从读书笔记的制作和重读中得到原创的文字和点子以后，该怎样输出这些素材呢？

如果你按照之前的方法做好了读书笔记，那么现在就可以把那本书放到一边了。因为这一步只需要一边参考写好的读书笔记，一边将输入脑中的学问输出。在这一阶段，可以把已经掌握的信息反刍、回味一遍。

接下来就让我具体介绍如何通过读书笔记写博客、内部通知或商业文书，甚至解决个人烦恼。

有时候写完读书笔记还想再写点什么，这时，我想你第一个想到的就是博客吧。现在很多人的博客都是以书评为主，这也算是种潮流了。

如果事先做好读书笔记，在博客上写书评时自然会有很多话可说。举个例子，在我的"葱鲔火锅式"读书笔记里有这样一段话，格式参考第三章，〇后面的内容是摘抄，☆后面的内容是评论。

［081015］《浓香与美味的秘密》/ 伏木亨 / 新潮新书

○那些老鼠进食时就像苦行僧一样有自制力，每次只吃一点，总是长不胖。只有一个办法可以解决这个问题，那就是浓醇的香味。

比如奶酪、火腿、香肠、薯片和糖水，这些食物的味道香浓，在人类眼里都很有诱惑力。用这些食物代替实验室的固体饲料放在老鼠面前，老鼠们会不停地吃，自然很快就长胖了。（P17）

☆老鼠会控制食量，只摄入身体所需的卡路里。但如果食物有了香味，老鼠的食量就会超出必需的分量。那么香味是人工食物才有的吗？还是说追求香味是生物的本能？这么说，让人发胖的大概不是米饭，而是美食吧。

○包括日本在内的亚洲国家的经济大多以农业为中心，所以食物多以植物为主，容易缺乏动物性蛋白质和油脂。为了弥补这种不足，人们用肉类烹制汤汁，在浓汤的香味中得到满足。湿润的气候适合食物发酵，因此亚洲国家的居民还很擅长采用不同的发酵方法将谷物、大豆和鱼等食材中的鲜美味道提炼出来。

如果把北美和欧洲比作油脂文化圈，那么亚洲就是汤汁文化圈。因为欧美人对于食物的满足感都来自油脂，而亚洲人则偏好汤汁。（P178）

☆日本＝汤汁和发酵，欧美＝油脂和肉类吗？我去欧洲旅行时感觉不适应当地食物也许就是这个原因。当时只想来碗乌冬面。

做过这样的笔记后，再在博客里写书评，就可以写出如下的文章。

食物的"香味"到底是什么呢？这本书给了我们答案。

作者把老鼠比作"苦行僧"，以此来形容它们对食物的自制力。因为即使对老鼠投放再多的固体饲料，它们也不会摄取超过必要量的卡路里。但如果在食物中加入香味，结果就变得不一样了。

"奶酪、火腿、香肠、薯片和糖水，这些食物味道香浓，在人类眼里都很有诱惑力。用这些食物代替实验室的固体饲料放在老鼠面前，老鼠们会不停地吃，自然很快就长胖了。"

这就是香味的力量。面对香味浓郁的食物，人类也会无法自制。如果没有香甜多汁的食物，人类大概是不会发胖的吧。这样说来，对食物不感兴趣的人的身材确实都保持得比较好。

如果你认为香味的真面目只是油脂和砂糖，那就想得太简单了。这些满足人们对食物高要求的香味在不同的民族和文化中是完全不同的。

"包括日本在内的亚洲国家的经济大多以农业为中心，所以食物多以植物为主，容易缺乏动物性蛋白质和油脂。为了弥补这种不足，人们用肉类烹制汤汁，在浓汤的香味中得到满足。"

没错，很多日本人在国外旅行时会很想念酱油和味噌汤。在日本人心中的香味里，汤汁占据着很重要的位置。而在欧美人心中，肉和油是无可取代的。关于这点，作者是这样说的："如果把北美和欧洲比作油脂文化圈，那么亚洲就是汤汁文化圈。"

以香味为切入点，我们能体会美味中蕴含的意义，感受到不同饮食文化的差异。

不知道你有没有发现，去掉最开始和最后的段落，其他部分基本上都是读书笔记里的内容。

双引号里的内容就是○中的摘抄，其他内容则只是对☆中的评论稍加修改。本来读书笔记里有一句："那么香味是人工食物才有的吗？还是说追求香味是生物的本能？这么说，让人发胖的大概不是米饭，而是美食吧。"这句话除了笔记作者以外谁也看不懂，经过修改以后就变得相对容易理解了。

全文以书评作者的想法、解释和自己对书的印象为主，双引号里的则是直接引用的原文。这种搭配是报纸和杂志中评论和纪实文学经常采用的格式。

　　"葱鲔火锅式"读书笔记之所以要把摘抄和评论明确区分开，也是为了加强这种意识。如果不加上两种符号区分开，写书评的时候恐怕就分不出是摘抄还是评论了。

　　本书介绍的读书笔记可以帮助我们**深刻吸收书的内容，磨炼出更好的原创思考**。为了达到这个目的，需要想办法完全接收并消化书中的内容，这样才能将"借来的"思考准确地转变为属于自己的东西。

做好笔记是写好文章的基础

　　对摘抄和评论进行明确区别，还可以提高写作水平。

　　虽然"妈妈进屋来对我说，饭已经做好了"和"妈妈进屋来对我说：'饭已经做好了'"这两句话表达的意思相同，但我们在书评里也需要把间接和直接引语区分开。

　　市面上的杂志和报纸刊登的文章都有其明确的规则，这是在任何学校里都学不到的。过去学校只要求在毕业后能写书信或商务文书，很少有人一毕业就能马上写出文章。

　　现代社会对写文章的要求很高。为了让更多的人愿意读自己的文章，作者更需要积累一些写作技巧。但是，即使做好读书笔记，要写出一篇受欢迎的文章也是很困难的，光是磨炼修辞就需要付出很多精力。不管怎样，把自己的所见所想原原本本地写在博客里，是最轻松的做法。

　　值得注意的是，写读书笔记可以锻炼对文章结构的组织能力、提高思想输出的质量，写作技巧会得到大幅提升。所以，写读书笔记是件一举多得的事。

读书笔记是一剂解忧药

　　我目前在网上做了一系列书评连载，名叫"只用三本书提高工作能力！商务书籍大比拼"。连载的主题是读三本相同主题的书，以此解决商务人士的烦恼，如沟通问题、心理健康问题等。

　　举个例子，决定把"工作与结婚"作为研究主题以后，我会在一个月之内读完下列三本书，然后向读者提出我的主观建议。

A: 倡导保持工作与生活之平衡的书，作者是一位女性管理者（已婚）

B: 讲解如何与异性交流的书，作者是一位大学教授

C: 提倡"让婚姻为工作提供助力"的书，作者是一对会计师夫妇

从A、B、C三本书中找出有用的部分以后，用C书来解决A书与B书相对立的部分产生的问题，再以A书的眼光来观察B书和C书中的事例，每次的情况都不一样，但也都大同小异。总而言之，就是让A、B、C三本书互相争论，最后由我自己来做评判。

之所以忽然说起我的连载，是因为这种方法也适合用来解决个人问题。

如果你在烦恼要不要跳槽，那么不一定只有找朋友讨论这一个选择。想参考别人的做法、从书中获得建议，可以先定好"跳槽""职业规划""职场选择""工作方法"这几个主题，选择三本中意的书来阅读。熟读之后边做读书笔记边思考，最后得出结论。这个方法和找熟人商量相比更有说服力，更容易让人做出明智的选择。

　　我在写连载时，会把自己当作因为某个主题而烦恼的人，每读完一本书、了解过一个观点后都会先做好读书笔记，再在此基础上思考我该如何展开文章、发表怎样的观点。以刚才的"工作与结婚"主题为例，我做了这样的读书笔记：

　　· A 书要点 + 评论

　　· B 书要点 + 评论

　　· C 书要点 + 评论

　　· 论点：结婚的好处与坏处分别是什么？（要点 + 评论）

　　· 论点：该选择怎样的结婚对象？（要点 + 评论）

　　· 论点：没异性缘的人要做些什么让自己受欢迎？（要点 + 评论）

　　前三点的总结方法可参考"葱鲔火锅式"读书笔记的做法，但在这种情况下，没必要花费太多时间去做摘抄，所以可以不采取"○摘抄☆评论"的格式，而是采用"○要点☆评论"的方式。

　　之后三点则是把A、B、C三书中针对某个疑问的信息记录下来，再附上我自己的评论。打个比方，这就好像请三位专家围绕某个问题给自己提意见，并让他们进行对比和讨论一样。经过整理总结以后，渐渐就会得出一个假设——"其实就是这样的吧？"但这始终是个假设，还需要重读一遍做过记号的内容和写好的读书笔记（在摘抄过相关内容后，剪下一部分贴在笔记本里），来验证刚才的假设。

"但是这样似乎不太可行？"

"如果A书写了相反的论点，该怎么反驳呢？"

"该怎样付诸行动呢？"

一边反复"与自己讨论"，深刻思考，一边反复修正之前的假说，最后得出能让自己信服的结论（见图4-1）。

这一节名为"读书笔记是一剂解忧药"，乍看像是一句不切实际的空谈，然而这件事并不难做到。只需要一周时间，就可以轻松体会到读书笔记带来的惊喜，这总比连续几个星期都无计可施要好得多。

这种读书体验还有更大的价值：通过某次读书获得的见识，不仅可以用来解决自己的烦恼，还可以在讨论中帮助他人。

选择三本相同主题的书阅读

写读书笔记

（例）结婚的好处与坏处分别是什么？

○要点 ☆评论

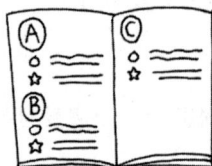

分别写下三本书的要点和感想

将不同主题的观点分别总结出来

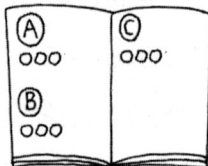

写下三本书中关于主题的思考

假说、验证

通过重读原书和读书笔记加深自己的理解

得出结论

图 4-1   如何用读书笔记解决烦恼

创意源自既有信息重组

读书笔记在头脑风暴时也能派上用场。

"所谓创意，只是把原有的元素重新组合而已。"

美国广告大师詹姆斯·韦伯·扬在《创意的生成》一书中如是说。

如果你经常看这方面的书，这句话大概已经听得耳朵里都起茧子了。筑山节医生把这句话诠释得更加清楚：

"儿时的体验、父母和老师的教导、课堂上学到的知识、自己的兴趣爱好、自我提高时获取的信息、最近读过的书里写的东西、朋友说过的话、工作过程中自然而然学到的知识……这些五花八门的信息再加上临时集中收集的信息，能组合出别人意想不到的独特创意。"（《大脑与心情的整理术》/NHK出版）

不管有多少信息，如果不重新组合碰撞，是不会产生创意的。一个创意好不好，关键在于**如何安排信息与信息之间的关系**。

信息看起来五花八门，把它们联系起来却并非难事。

话虽如此，如果没有**具体事例**，恐怕谁也无法马上明白该怎么做。

为了激发创意，可以找出过去的读书笔记重读一遍，或是浏览自己的书架盘点、比较各种各样的信息，通过这些途径都能取得很好的效果。举个例子，我对"工作是什么"和"职场是什么"两个问题很感兴趣，但又有些懵懂。我有时也会烦恼是该跳槽还是辞职，对"工作方式"和"职业规划"等方面的问题感同身受，因此会对这个主题更加关注。

在这里，我对同辈和年轻人们有些建议。如果你想以此为主题写一篇文章，可以拿出过去的读书笔记，试试下面这个方法。首先，重读一遍读书笔记。比如《工作三年就辞职，那个年轻人去哪儿了》（城繁幸/竹万新书）的读书笔记，内容如下：

☆跳槽姑且放在一边，我认为一味宣扬干脆辞职或去做义工的观念也是很危险的。现在有些年轻人为了生活，要被迫向权威低头，他们应该怎么做呢？

《上两年班就辞职》（山崎元/幻冬舍新书）表达了相近

的观点，于是我写道：

☆作者关于职业规划的建议，在大型公司或上市公司干得起劲的人会更能感同身受。低学历者或20岁出头的年轻人可能会看不懂。这明明是本好书，却没有让最需要它的人看到。

通过重新阅读笔记，我更能理解当时提出这种问题的自己了。所以如果要以"工作方式"为主题写点什么，我会把对这两本书的感想组合起来，以这两个问题为轴心进行思考：

· **工作能力不强的年轻人该如何谋生**

· **中小企业员工该如何进行职业规划**

作者想表达的信息，也就是这次写文章或制定计划的主旨，应该这样写：

年轻人应该进入社会积累工作经验，不管就职公司是大还是小，这并不代表要与社会对立或者迎合社会。如果不绞尽脑汁做好两手甚至三手准备，如何能与前辈们竞争？为了生存下去，年轻人有必要变得圆滑一些。这是迄今所有关于跳槽和职业规划的书中从没写过的一种自保的"处世之道"。

如果事先做好了读书笔记，当时的所读所想就可以直接打包好留在笔记本里。需要创意的时候，只要再读一遍读书笔记，就可以直接把笔记拿来**作为创意素材灵活运用**。

读书笔记不仅能为写文章提供创意，还可以为新型企业的工作增添助力。比如读过《别以为自己永远是胖子》（冈田斗司夫/新潮新书）以后，你看到很多读者都喜欢通过逐一记录自己的活动来减肥，对这种减肥方法很感兴趣。把这种减肥方法写在读书笔记里，在日后重读的时候加上另一个创意，比如网络服务、笔记本、空白日历，就能发明可以记录每天活动内容的新商品或新服务（见图4-2）。

再举个例子，最近商务人士都热衷于学习，"成人自习室"开始盛行。读过杂志报道的酒吧老板可以把这个信息写在笔记本里。为了更有效率地利用空间，可以让酒吧白天作为自习室开放，就能全天充分利用酒吧，还可以增加收益。

使用笔记本以后，书中的信息不会再被封存在书架里，而是得到了充分有效的利用。只要认真重读笔记，把有用的信息组合起来，就能获得对工作有莫大帮助的创意。

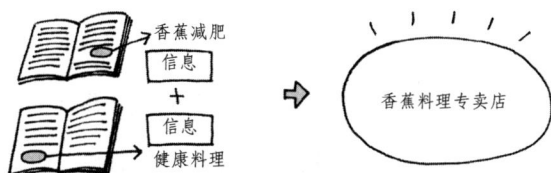

通过索引，找出过去留意到的信息并重组

图 4-2　创意的生成

怎样迅速找到目标内容

该怎样从过去的读书笔记中找到特定的某一页，更好地利用读书笔记呢？

实现前面讲过的笔记本一元化之后，只要简单地翻一遍读书笔记，多少能找到些信息。神奇的是，如果重读过笔记，你还能记得信息的大致位置；但如果积攒了很多本读书笔记，在寻找某本时恐怕很难马上想起。这个时候，你需要通过添加便利贴或纸胶带来做个标记，这样就能马上找到需要的内容了。

我推荐给参考过的部分贴上便利贴，这是最简单的方法，请一定试试。带着明确的目的参考过读书笔记以后，就在那一页上贴一张突出的便利贴吧。这样做的话，即使合上了笔记本，日后翻阅时也能想起"我之前参考过这个内容"，因为参考过一次的笔记，很有可能需要再拿出来参考第二次、第三次。下次想读这本书的时候，只需要记得自己记在哪本笔记本上即可。找到了相应的笔记本，再翻看贴了便利贴的那几页，不一会就能直接翻到想看的内容了。

在笔记本外面做好标记

为了更容易找到想看的读书笔记，还可以在笔记本上做记号，来表示某书的读书笔记就在这里（见图4-3）。你可以用马克笔把书名写在封面上，或者直接把**书腰或书签**贴在封面上，这样的记号可以直接从外观上把这本笔记与其他读书笔记区分开。

虽然没有多少书籍的书腰看起来很美观，但文艺作品或已经拍成电影的作品的设计还是比较好的，这样的书腰

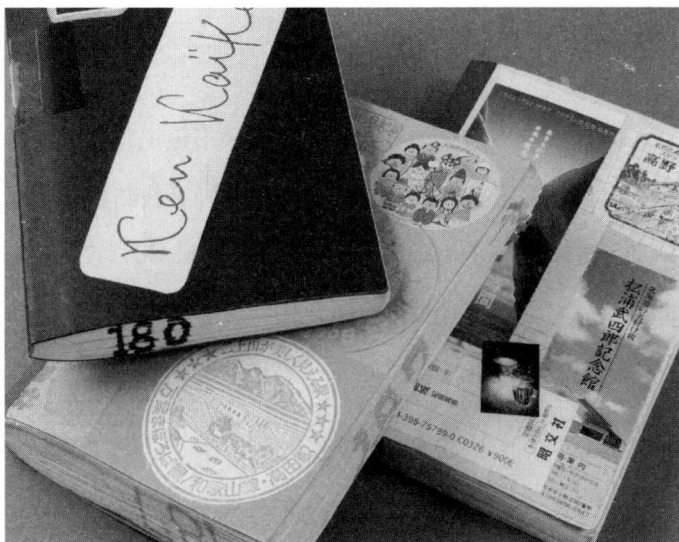

买书时的纪念印章、音乐会的票根或者包装纸的一部分都可以贴在封
面上。通过这样的标记，就可以知道笔记本里的内容。

图4-3　在笔记本上做好标记以区分内容

就可以贴在笔记本上。这样做，无论积攒了多少本读书笔记，

都能迅速找出自己想找的那一本。

同理，我还会把电影票根贴在封面上，这样就会知道

要找的电影观后感就在那本书里，十分方便。

制作检索用标签

　　如果一本笔记本中有若干本书的读书笔记，可以在写完笔记后在扉页上添加一个**目录**，方便马上找到想找的那一页。具体做法可以像下图照片一样，在扉页上写好书名，再在相应书页的边缘涂一个小色块，或者直接贴上纸胶带当作**标签**，正对书名所在的那一行。这样的话，不管多厚的笔记本，都可以像查字典一样轻松找到想看的内容（见图4-4）。

　　如果积累的读书笔记不满10本，用上面介绍的方法查找就足够了。想知道自己要找的内容在哪本笔记本里时，可以先回忆阅读这本书的时间，然后判断大致位置。

　　好书不管读几次都会有新发现，而好的读书笔记也一样，每次重读都能激发新想法。所以为了能在想看的时候马上回顾，把用完的笔记本改造得更好用吧。

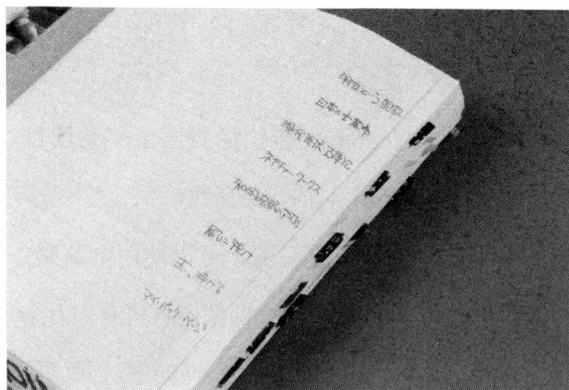

在笔记本扉页上对应标签写好书名，日后就可以轻松找到想要参考的内容。使用频率较高的笔记本如果用这种方法改造过，效率会得到提高。

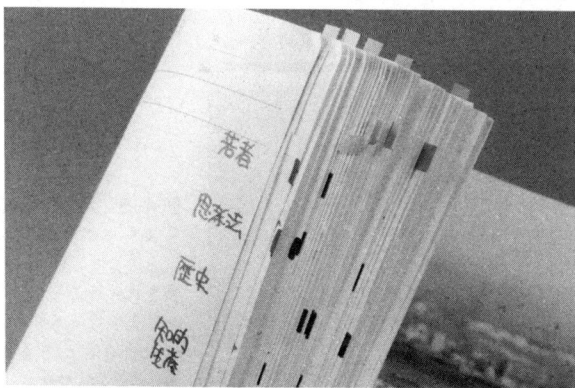

标签比便利贴更不容易剥离，更值得信任。贴的时候要注意突出几毫米，这样更便于直接翻到目标页。可以在扉页对应的位置写上书名或资料涉及的领域。

图4-4　巧用标签

将检索数字化

　　接下来介绍的方法不仅能让你找出十年前读过的书，还能让你回想起当年读书时的所感所想。

　　想把读书笔记管理得更完美，可以使用电脑制作读书笔记的**索引资料**。使用电脑的话，即使资料里有一万个书名，只要点击查找"书名中有'金融'一词的书"，就可以马上找到。对读书量较少的人，也许翻阅查找就足够了；但对读书量较大的人，这种检索方式再合适不过了（见图4-5）。

图4-5　我的索引资料
在文档中编写读书笔记索引。这样做可以通过阅读日期查找到想要参考的笔记。从近十年的一大摞笔记本中轻松找到自己想看的笔记本，这是多么神奇的一件事。

　　这个技巧再加上前面介绍的便利贴、纸胶带等记号，就算再过几十年也能让你轻松找到想要参考的内容。将很久以前的思考与现在的思考相比较，可以在两者的差别中感受到自己的成长，为思想输出提供参考。几十年的分离，反而会加深人与书之间的沟通。

在笔记本里输入索引资料时，我把约200本笔记编写成了格式如下的几百行文字：

［12］080811/ 读书笔记 /《江户 300 藩最后的藩主》/ 八幡和郎 / 光文社

［13］080903/ 读书笔记 /《局外人》/ 科林·威尔逊 / 集英社

（中略）

［190］130905/ 读书笔记 /《黑心企业》/ 今野晴贵 / 文艺春秋

输入的信息依次是**"笔记本编号""阅读日期""笔记类型""书名""作者""出版社"**六项。比如最后一行，意为**"第190册笔记2013年9月5日那一页是读书笔记，对象图书是《黑心企业》"**。

不管想看哪本，都可以在这套资料中找到，比如，想找《局外人》的时候直接查找"局外人"，马上就会知道是在第13本里，具体可见图4-6。

图 4-6　检索过程

索引中"**读书笔记**"一词，是为方便查找关键词而设的分类标签。加上这样一个标签，即使不用详细的关键词查找，也可以凭借所属范畴来找到。要做的只是把每一条项目输入文档而已。

笔记本的页码是不会变的。所以制作读书笔记的时候只要按照时间顺序来写，就可以为自己的文章找到一个名为"第〇本的×月△日那一页"的位置。有了信息的"**姓名**"和"**位置**"，查找起来自然会很方便。而且，这种方法还可以通过扫描纸质资料把信息保存为电子版，比手写轻松多了。

如果一本笔记里有十篇读书笔记，那么只需要再花上五分钟，在索引里加上十行读书笔记的资料即可。

杜绝"想不起来"的情况

用索引把读书笔记存进数据库，会让检索变得更简单。想不起书中内容的时候，这份索引会发挥意想不到的威力。

读书爱好者们最常感到烦恼的问题就是"想不起来为

什么读这本书""那个故事是在哪本书里来着",只要按照本书中的介绍建立参考系统,就能轻松解决这种烦恼。

我是按照这样的步骤进行检索的:

① 检索读书笔记种类

在索引中抽取包含"读书笔记"种类的内容,就可以看到迄今读过的图书列表了,也就是"已读列表"。如果想要一份读书笔记列表,可以将这一步抽取的列表打印出来,查找起来更轻松方便。读过的书名按照读书笔记的制作顺序排成一列,看起来很壮观。浏览列表时,如果看到有些陌生的书名,可以找出来重新读一遍,说不定你会惊奇地发现这本书竟然很好看。

你也可以选择查看现实里的书架,把以前看过的书抽出来随便翻阅几下,那种过程也是很愉快的。但是浏览书架时只会被精心设计的书脊吸引,这也是无法逃避的问题。

在这一点上,电脑里的"已读列表"比书架上并列的书脊更令人一目了然,因为有很多书只要看到书名就足以让人回想起书中的内容了。而且需要在博客上介绍"2013年最佳图书"或者"那些让我难忘的书"时，这个列表也能发挥作用。

被人问道"最近读过什么好书"时，我会在思考之前先把索引列表拿出来。

② 检索书名

知道书名或一部分书名，就可以通过检索书名得知这本书的读书笔记在第几册的第几页了，比如，搜索"俄罗斯"一词，可以查到如下一行：

［89］080611/读书笔记/《强权与动荡的超级大国俄罗斯》/广濑阳子/光文社

由此可见，与俄罗斯有关的书籍在第89册的080611那一页，翻到那一页就可以看到相关摘抄和评论了。

2008年夏天，俄罗斯军队进入格鲁吉亚时，我就想"这个问题我曾经在某本俄罗斯相关的书上读到过，现在电视上出现的南奥塞梯地区我好像也在某本书里见过"，在看书之前，我选择了用刚才的方法找到了读书笔记并重读。当时我忘了书名，只记得书名带有"俄罗斯"，所以只检索了"俄罗斯"一词，成功查到了之前做的笔记。

像这样通过数字化索引找到笔记，再拿出书籍参考，会比直接打开书去找要简单很多。为了能如此方便，找书时要多一个步骤：

索引→读书笔记→书籍

也许你会觉得很麻烦，但是这样一来，就算是很厚的书，你也会很快找到想找的内容，对专业书等页数偏多的书籍来说，这种方法相当有效。

只要之前认真做了读书笔记，那么只看笔记就可以了。这就好像是过去的自己送给现在的自己一件无与伦比的礼物，让人心情十分愉快。即使当时读书笔记里只记了几个感兴趣的关键词，但只要掌握了关键词的出处页码，也可以为检索提供有力的线索。

③ 检索作者名

需要列出特定作者写的书时，或者想知道"某位作者在哪本书里说了这句话"时，可以通过检索作者名来寻找线索。

大多数人的书架上都会有相同作者的不同书籍，相信很多人并没有把这些书放在一起。因为即使是相同作者出的书，也会分平装和精装，放在一起的话会很杂乱。

这时可以使用检索作者名的方法，让相同作者的书出现在同一个列表里。如果想在这些书里找到写着某个精彩段落的书，可以先结合书名推理，再打开读书笔记找到相应的摘抄，每一步都井井有条。

可以确定的是，这位作者的作品越少，就越容易找到目标书籍。相反，如果已经买了这位作者十几本书，可能就有些难度了。这时还不如把书架上这位作者写的书全部翻找一遍，毕竟有很多作者会就同一个主题写很多本书。

④ 设置关键词

我们经常会在某个阶段对某个领域的书很感兴趣，不知不觉中读了很多相关书籍。

根据当时对某一事物或理论的兴趣，我们也会在买书的时候看准某些关键词，比如"红酒""减肥""宠物""戏剧""电脑"等，再比如"意大利""京都""大正时代"等也是不错的切入点。要验证这件事很简单，只要看看自己的书架就可以了，你买的书一定是有某种倾向的。

　　以我为例，我从学生时代开始就一直对传媒和出版感兴趣。而几年前一次偶然的鹿儿岛之行也给我带来了很大影响，让我对幕末和明治初期的书籍产生了兴趣。

　　如果你会像这样坚持阅读某个领域内的书籍，那么在建立读书笔记索引的时候可以在每条的最后做一些小加工，比如：

　　060725/读书笔记/《战国与幕末》/池波正太郎/角川【幕末】【明治】

　　071209/读书笔记/《出版行业的崩坏》/上杉隆/幻冬舍【传媒】

　　【　】里的词就是**关键词**。

　　这样做的目的是，当你想就某个主题写文章但又找不到切入点或材料的时候，可以通过检索关键词来一举获得参考资料，比如在索引中检索"媒体"这个词时，就可以得到一个以传媒或出版相关书籍为主的列表。

　　另外，在构思企划案时，我们有时会在重读笔记后再在笔记本里写点什么。那么，为了与读书笔记区分开，可以在索引中建立这样的项目：

　　[18] 080422/企划案/媒体不受信任的原因

　　企划案累积至一定数量后，只要检索"企划案"这一标签，迄今写过的所有企划案都会以列表的形式显示。

当然，有些重心不在传媒的书籍与文章中也体现了针对传媒的犀利观点，比如杂志和报纸上的评论。而且，我们在制作索引的时候可能会忘记添加关键词，所以这个方法并不完美。

尽管如此，能立刻显示所有书籍的列表仍然是很有效率的。写这本书的时候，我站在书架前，把所有关于读书方法的书都找了出来，费了好大的力气。如果我添加了"读书论"这样的关键词，就可以一次性浏览每本书的要点和自己的感想，轻松想好这本书的骨架和要点了。

让"书读百遍"不再只是口号

过去的读书法经常会强调"读书要多看多重复"。确实，要想加深理解，只能多读几遍。有句话叫"书读百遍，其义自见"，由此可见，重读是加深理解的必要方法。但是，这种方法是否适用于现代出版物，我抱有疑问。

除了一部分文艺作品和专业书籍以外，现在大部分图书都是用白话文写成的，需要"读书百遍"才能"其义自见"的书越来越少了。现在大概只有在研究古典书籍时才需要多读几遍了吧。

所以我觉得，重读可以根据需要有选择地进行。

很多人会在想要重读一本书的时候在书架前找很久，但如果做了读书笔记，就可以把繁杂的重读过程变得简单。一般来说，如果出现了以下这样的想法，你就需要重读某本书了。

"那位作家的随笔里有句关于写作前构思的名言。"

"我曾经在那本小说里见过一句很有感觉的话。"

"想找些描写暴风雨前压迫感的语句。"

很少会有人为了这样一些小问题去把书架整个翻找一遍。很多人在找书的同时就已经忘记想要查找的内容了，又怎么会积极地重读呢？但如果有了读书笔记，就可以立即满足这种找书的冲动。每次参考都是一次成功的重读，经过常年积累，自然就可以接近"读书百遍"的效果了。所以说，检索和参考也是读书的关键一环。

参考读书笔记，也是一项以笔记内容为线索进行回忆的过程。只要认真阅读笔记，就能在重读时回想起目标书籍里的大部分内容。这样看来，根据需要进行重读才是最现实的做法。

而且，越是与参考时间相近的信息越有参考价值。也就是说，比起一周前的笔记，三天前甚至昨天的笔记更有参考价值。所以如果在参考过去的读书笔记时有了新的想法，建议把感想重新写在目前正在使用的笔记本里。

书的价值是通过时间体现的。有些书只有在读完一段时间以后才能让人源源不断地感受到其中的魅力。所以在某种程度上要预想到经过时间的流逝，有些书可能会被淘汰，也有些书会产生新的火花，而我们要做的就是经常整理藏书。

有感兴趣的问题时不要无动于衷，应该马上查找、翻阅笔记。在参考读书笔记的同时回想当时的思路，再与现在更成熟的思想相比较，一定会获得更多的知识和信息。这样的读书方法才能真正让书融入自己的思想，是普通的重读无法比拟的。

第五章

让读书体验更充实的 19 个技巧

　　为了让读书体验更加愉快、充实，让自己更乐于坚持写读书笔记，本章将介绍一些小技巧。

1　不依赖网络，多用参考书

　　简单地说，参考书就是像百科全书一样，在想研究某些内容的时候可以拿来做参考的书。

　　只要身边有本参考书，不管什么时候都能对感兴趣的事物进行研究，保护好内心每一颗好奇的种子。通过参考书调查到的信息更直接、准确，不用担心像网络搜索一样偏离正题或是充满冗余的信息。

　　总体来说，参考书分为以下几种：

　　· **地图**

　　· **图鉴**

　　· **统计数据**

　　· **百科全书**

　　· **年表**

　　· **词典**

　　很多出版社都出版过地图与统计数据相结合的书籍，

比如《值得一"读"的世界地图》《透过数据看日本地图》等。同样，年表类参考书也可以在历史类或参考书书架上找到。

除了上面列出的类型以外，初高中生使用的教科书或参考书也值得一读。你可以按照自己关注的领域挑选感兴趣的书，需要的时候随时拿出来参考。平时把参考书放在家里，看国外纪录片的时候翻一翻，看历史剧的时候再翻一翻，不知不觉间就能学到各种各样的知识。

如果发现了感兴趣的事物，就马上写到笔记本里吧。没错，这就是**"随想笔记"**。只要想到了，不管什么内容都可以写下来，无论是红白喜事的礼仪规矩还是正式信函的书写格式，与其在网上到处搜索，不如直接买来参考书学习一下，通过书中附带的统计数据或地图加深理解。

还可以随身携带小开本地图册去旅行。透过移动的车窗，看到山就打开地图查一查山名，为旅途增添一丝趣味。

2　多读百科全书

为了能随时调查感兴趣的事物，可以把百科全书存在电子移动终端里（见图5-1）。举个例子，如果看到叙利亚问题成为国际关注焦点，可以首先通过百科全书了解叙利亚相关资料，然后翻阅历史书籍，研究一下叙利亚与以色列之间战争的国际背景和现代发展，最后在亚马逊上检索关于最近中东局势的书，添加到购书清单里，以便日后购买。像这样忠于自己的兴趣找想读的书，一定可以提高读书的积极性。

旅行途中带上百科全书，可以随时随地调查地名和人物，自己做自己的导游，想想就觉得很有趣。通勤或上下学的路上，也许你会用智能手机查看申办奥运会的新闻，如果再用百科全书调查近代奥运会的历史，一定会收获良多。

松本清张就是在百科全书里偶然看到了有关"西乡札"

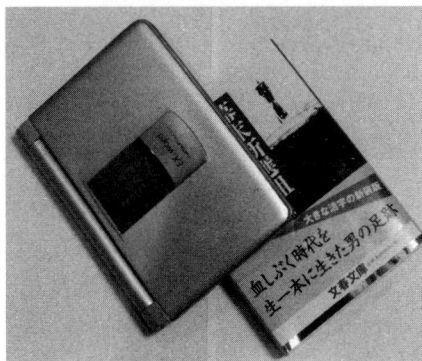

图 5-1 收录百科全书的电子词典

这款卡西欧的 EX-WORD 我用了八年。小小的电子词典里收录了《大英百科全书》和日本平凡社出版的百科全书的全部内容。它的信息检索系统不仅能提供前方一致的结果，还可以检索包含关键词的内容。用这种方法检索时经常会出现意料之外的内容，非常有趣。

的内容才得到了灵感，写出了处女作《西乡札》。百科全书就是这样一种**能将好奇心与思想输出结合起来**的工具。

3 通过订阅来提醒自己

既然每期杂志都会买，不如干脆订阅一整年的。交上一年份的钱，接下来就只要每个月定期从邮箱里拿出杂志就好了。每次收到订的杂志都会很愉快，就像收到了礼物一样。

周刊类的杂志比较轻便，可以在通勤路上买来看。但像《文艺春秋》《中央公论》等分量较重的杂志，最好还是通过邮购直接送到家里，出门的时候包里的杂志太重会影响读书的兴致。

另一方面，我之所以推荐直接订购杂志，是因为这样更容易遇到意想不到的新知识或新信息，而这种**"意想不到"**是个很重要的因素。

如果只是在想读书的时候读想读的书，那么输入大脑的内容一定是有限且程式化的，比如疲劳的时候看随笔，头脑清醒的时候看评论，想要给自己加油打气的时候就看励志类的书籍等，所以我们要通过订购杂志来打破这种设定好的协调关系。这就好比你本来对某件事有偏见，有一天却意外地发现这件事其实很有意思，转变了态度。

订购杂志就是这样一个"意外"，可以定期带来多角度的视点。

我经常买生活类杂志，并不是为了学习怎样做蛋糕、缝制围裙，而是因为每天的生活都以工作为主，感觉自己在不知不觉中心里满是戾气。这种时候翻翻充满生活气息的杂志，感受那令人怀念的家庭气氛，心情也能得到调节。

这样看来，书籍或杂志是一种**传播隐藏于生活中的智慧的媒介**。既然如此，为了以后不再因缺乏灵感而苦恼，让灵感源泉—— 也就是书籍和杂志——自动送上门来就好了。

4　书店里不只有新书旧书，还会有意外发现

我在前面曾经说过，不会在书店里冲动购物，但在旧书店里就不一定了。我家附近就有一家旧书店，每隔两三天，

书架上的书都会彻底更换一次，让我流连忘返。

旧书除了售价比新书便宜，还有一个最大的优点，那就是**能让你遇见意料之外的好书。**

我们现在接触的书籍中最多的是近两年发行的，但是在旧书店的货架上能看到很多绝版的、很难入手的书籍，这一点是普通书店无法比拟的。

如今在书店里能接触到的同领域的书籍恐怕都是一模一样的。书籍的查找不只会在种类上受到限制，其内容也会受到时代精神的共同影响，导致每个人获取的信息都大同小异。所以我们需要定期去旧书店转转，去发现出乎我们意料的那本书。**那些与现代视角截然不同的思想输入可以让自己对事物的见解得到进一步的飞跃。**

另外，如果是在旅行途中看到了书店，即使是新书店也一定要进去看看。不要以为只有那些历史悠久或口味独特的书店才值得一逛。机场、车站的商店也会在土特产专柜旁边放一组不起眼的书架。在这里，也许能找到你想要的书。

英雄传记和乡土历史等都是只有当地书店才有的至宝，

它们有时候还会突破丛书和单行本之间的界限，作为同一主题的书籍被统一摆放在同样的位置，比如日本鹿儿岛机场的商店里肯定会开辟一部分书架，专门陈列西乡隆盛和桐野利秋等萨摩藩士的评论传记或历史小说，这种书是很难在普通书店里买到的。

说到这里，还有个小故事。我曾经随团去鹿儿岛旅行，刚到的时候看到什么都提不起兴趣，直到在萨摩藩武家宅邸观光游览以后，在机场的商店里买下了西乡隆盛的传记，在返程的飞机上读得津津有味。

人都会对和自己有些联系的事物抱有兴趣，所以，写读书笔记时也可以**结合自己的实际体验**来抒发感想，以此来丰富笔记的内涵。

书籍会因为跟自己的关联而变得有趣。比如游戏攻略书，虽然书里只是列出了一大堆枯燥无味的数据，但是读者会因为玩过这款游戏而看得尤为认真。有关养生、减肥的书籍之所以会大热，也是因为大多数人都很重视自己的身体。

因此，去旅行的时候一定要趁着自己对当地景色的兴奋劲还未消退，尽量去当地的书店看看，买下跟那片土地相关的书籍，这样你就能得到一本让你着迷的书了。

5 由浅入深吃透难懂图书

第四章介绍过怎样用读书笔记来加深理解。读古典名著或内容较难的书籍时，更要注意先抓住**软肋**。所谓"软肋"，就是**入门书或解说版**，比如刚才介绍的可以收集研究各种信息的参考书，还有各类书籍的**图解版和漫画版**，都是这样的软肋。

中等难度的则是**大字版、注音版和精编版**的图书。举个例子，日本人想读《堂吉诃德》时，除了去找岩波文库的全部六卷书以外，还可以选择下面几个版本（见图5-2）：

· **岩波少年文库版：面向高中生读者，篇幅较短**

· **河出书房新社的《世界文学全集》（已绝版）：省略了与主题无关的情节描写**

· **新潮社版：适合背诵的优美文章和精美插图**

也有人说精编版不够正宗。话虽如此，难道说想看陀思妥耶夫斯基的书就要先去学俄语吗？读书不是这么狭隘

右为岩波文库版的六卷大长篇。这部小说中有很多与主线无关的描写，因此也出了很多精编版。岩波少年文库版将堂吉诃德从出发到死亡的全过程浓缩成了 367 页。

图 5-2　日本各种版本的《堂吉诃德》

的事情，不应该有禁忌。

　　欲速则不达，其实读三本好懂的书比读一本难懂的书要简单得多。所以，如果书里的内容太难，实在看不进去，倒不如退一步，看看这些版本：

- **·漫画版**

- **·解说版**

- **·图解版**

- **·精编版**

- **·讲演录**

- **·对谈**

· **大字版**

· **现代译制版**

工欲善其事，必先利其器。在砍树之前要先把斧头磨得锋利无比，砍起树来才能省时省力。所以在遇到难题时，不要勉强自己正面强攻，要先找到一个比较简单的切入点再发起进攻。把理解难题的过程或感想写在笔记本里，也是可以促进理解的。

在简单一些的书里找到线索后再去读稍难的原版书，等完全理解后就可以写在读书笔记里，下次需要的时候再拿出来看看，说不定就能成为解决难题的关键。

6　把书堆成山，读书不再难

一说到"把书堆成山"，人们最先想到的可能是读书不勤奋，但我有一个奇特的读书方法，就叫"把书先堆起来"。

把书买回家，先堆在附录里介绍的"**一字板书架**"上。书架上还有其他**正在阅读的书**，之所以放在这里，是为了跟已经读完并做好读书笔记的书区分开（见图5-3）。

　　这样做的理由很简单，就是为了能够同时阅读多本书。因为我是个缺乏耐性的人，经常想读符合当时心情的书。在这里，"一字板书架"起到了书店书架的作用，想读什么书都可以去书架上选购。

　　假设旅行时想筛选十本没读完的书带在身上，如果普通地堆放书，会很难从各个位置抽出想要的书，但使用这种"一字板书架"就不会有这种顾虑了，想拿哪本就可以轻松地拿到哪本。

　　第二个理由与前面提到的"加深理解"有关。举个例子，我有一本书叫《大审问官斯大林》（龟山郁夫／小学馆），买了五年多都没有读过，至今还在"书山"里。像这样把没

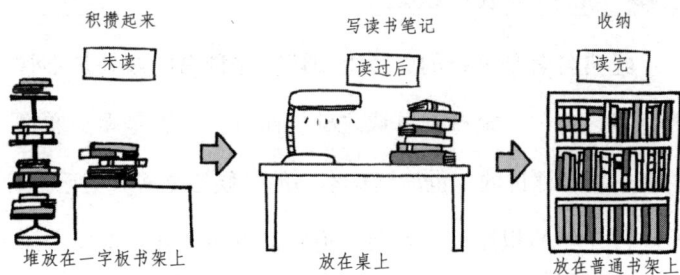

积攒起来　　　　写读书笔记　　　　收纳

　未读　　　　　读过后　　　　　读完

堆放在一字板书架上　　放在桌上　　放在普通书架上

把没读过、没做过读书笔记的书都堆起来，读过的就放在普通书架上

图 5-3　书的堆放与收纳

读完的书放在显眼的地方是有意义的，并不是在浪费空间。下次再读其他俄罗斯相关书籍时，我会马上想到还有一本讲斯大林的书，然后出于兴趣翻阅起来。

"暂时撤退，养精蓄锐，做好准备再来挑战"，这就是"把书堆成山"的意义所在。

除了未读书的书山以外，还有一座"**未做笔记书**"的书山。按照第三章的介绍，这些就是为了能够冷静地筛选出要摘抄的内容，需要暂时放置一段时间的书籍。虽然比作"山"，但其实不足十本，可以在缺乏工作热情的时候拿出来写几页读书笔记，以此来转换心情。

7 把名著放在枕边

经典名著是不朽的，值得阅读。这种书的好处是不管内容多乏味，一定有其可取之处。而且，名著是无法通过主观思考来评价的。也许读这本书的时候会觉得有些乏味，但经过几年的积淀以后就会知道它的价值所在。即使不通读全书，也可以当作资料来参考，所以名著是一项买了就不会吃亏的保本投资。

名著是一种很神奇的书，有一天你会忽然觉得它读起来很过瘾。为什么会发生这样不可思议的事呢？这是因为名著经历了太长时光的洗礼。如果普通书籍是猫，那么名著就是猫妖，已经不能仅仅被称为书了。经得起时光洗礼的书一定有流芳百世的价值。

所以，读名著的窍门只有一个，"**等这本书变得有趣的那一天再读**"。

你可以把名著带去旅行，或是带到地铁里看，让自己在潜意识里习惯这本书；也可以事先读一读精编版或解说版，这些都不会影响原著的魅力。直到有一天，你会忽然发现，你很想读那本书。

我以前读赫尔曼·梅尔维尔的《白鲸》的时候，只读到一半就读不下去了，因为感觉这本书写得太无聊。后来也尝试过继续读下去，可是很多次都半途而废。直到两年后，我忽然燃起了前所未有的热情，只用三天就读完了全书。这在我的读书历史上也是非常不可思议的一次体验。

这次经验告诉我，即使不想马上阅读，也要为忽然想读的那一天做准备，重要的是让这本书保持自己随时可以接触到的状态。不管是放在枕边催眠用，还是随意放在客厅的桌子上，只要能在想读的那一个瞬间拿起书来，除了书架哪里都可以放。现在有很多名著都被翻拍成了电影或画成了漫画，也可以拿来借鉴。

当你终于凭借阅读的激情把名著读完，会发现自己感受到了它们在岁月长河中历久弥新的精华。

仔细想想，也许这种无法被轻易读懂的特质也是古典名著的魅力之一。如果你受不了开始读、读不下去、遗忘、接着重新开始读的循环模式，也可以先读读其他相关书籍，为读原著的攻坚战做好准备。

8　常带三本书同时阅读

我是没什么耐性的人，因此经常会带三本书在身上，以应对看腻了某本书的情况。再加上收录了百科全书的电子词典，所以我是绝不会无书可读的。

决定好这三本书涉及的领域也很重要。贪心地说，我得把包括古典名著、现代小说、报告文学、随笔、评论、实用技巧书和商务书籍在内的各种图书，不管平装精装各带一本在身上才能100%安心。但是这样包会很重，而且出一次门是不可能读完几十本书的，于是我决定，三本中就应该带一本平装书。因为如果拿着精装书，很难在电车上一边抓着吊环一边读，所以要选择轻便小巧的书作为其中一本。

读小说的时候，如果对冗长的故事感到不耐烦，就马上换成政治评论；读了两三篇又觉得厌烦的话，可以再换本书读读轻快的随笔。没错，你可以根据心情随时转换目前阅读的书，别让多变的心情影响了读书。只要形成了这样的习惯，即使读到一本非常不好读的书，也可以通过换书来转换心情，轻松地渡过阅读难关。

如果你对读书感到厌烦了，那就开始写笔记吧。按照第三章的说明，马上开始在书上做记号、写笔记。同时阅读三本书，就意味着同时完成了三本书的**通读、重读、标记**这九道程序（见图5-4）。

把读书过程工序化以后，你在通勤时间里都会变得很忙：站着的时候要抓着吊环读书，坐着的时候要在书上

图 5-4　同时阅读三本书，完成九道程序

做记号、画线、贴标签，通勤时间就这样变成了集中思想输入的时间。不知什么时候起，我已经不习惯在电车里睡觉了。

慢慢地，你会觉得坐下以后不做点什么会很浪费时间；站着的时候则会抓紧时间读书，为之后做记号、写笔记做准备。

9　在家里的每个角落放满书

我听说有人会买几本词典类工具书放在家中各个角落，一旦有什么疑问就可以直接打开书。这种做法虽然会让我们多花几本书的钱，但节省了每次查字典都要往书房跑的时间。

推翻"词典只要一本就够"的常识，以调查时的方便快捷为优先，这是个很妙的想法。随着时间推移，遇事马上查证和遇事毫无作为的人在知识和词汇量上的差别会越来越大。

与此同理，也可以**在家里的每个角落放上其他类型的书**。日本的小酒馆都会在卫生间里贴一些类似人生哲理的字句，醉醺醺的客人看到以后也会不知不觉地思考起人生。由此可见，**空间也能左右感受语言的方式**（见图 5-5）。比如在卫生间放本诗集，在饭桌上放本有关食物的随笔，效果一定会让人惊讶。

值得一提的是，在玄关开辟一个放书的地方是很方便

根据空间摆放不同领域的书籍，读书时的感觉和吸收的内容也会不同。

图 5-5　空间能左右感受语言的方式

的。比如在玄关旁边放一组可以把书横放的"一字板书架"，或是在鞋柜上竖两个书立，放一些平装书等小开本图书。出门的时候就从玄关直接选出一两本书带走，回家的时候直接放回原位。

这样做的话，不需特意准备，就可以利用穿鞋出门的一段时间挑选当天想读的书，于是自然而然就能根据当天的心情选好想读的书，外出也变得愉快了。

10　去掉外封，让读书变得轻松

日本的书籍通常都是双封设计，可以效仿欧美平装书，在通勤的电车等场所读书时去掉外封。这样更便于将书从包里拿进拿出，书腰和封面也不容易被挂住。

这种做法还有一个优点，可以留下"未读书＝有外封"这样一个记号。即使拿出这本书做参考的时候放在了桌子上，也不会和已经读完的书混淆。

那么问题来了，取下的外封之后放在哪里呢？我会把这些外封统一保管在透明文件夹或大一点的箱子里（见图5-6），这样就不至于在要读完的时候才到处去找了。这样做还可以在翻书皮的时候发现自己许久未读完的书，激起读书热情。

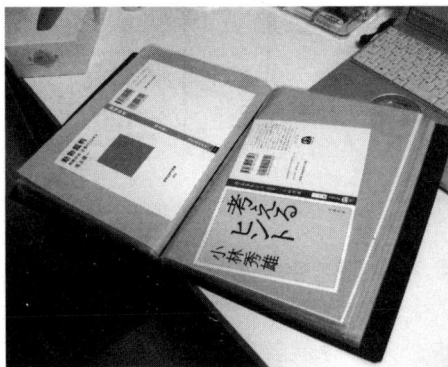

图 5-6　只收纳外封的文件夹

取下外封可以，但是书皮要怎么放呢？收纳在文件夹里就可以了。这本文件夹可以成为阅读中的书的总目录，翻一翻也很有乐趣。

11　杂志要边撕边读

也许很多人都会觉得，杂志是在车上读的。但杂志一般尺寸都比较大，带在身边会很麻烦，而且有的会很重，再加上平时我就已经随身携带平装书，真不想再给提包加重量了。

所以，我平时更注意的是如何把杂志轻量化（见图 5-7）。

第一，把读过的几页直接撕下来，丢进车站的垃圾箱。

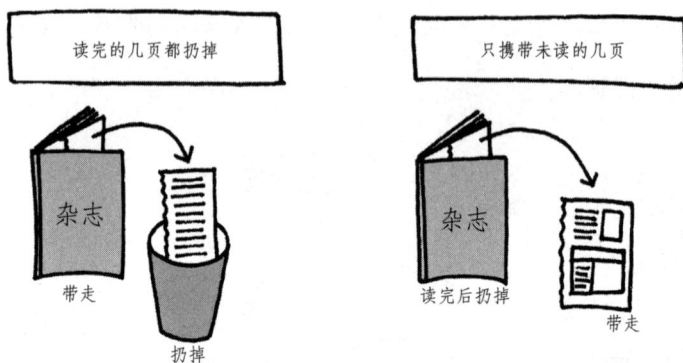

图 5-7　撕出来的杂志轻量化

像《文艺春秋》《中央公论》等杂志都是用胶固定书脊的，只要把书用力压开到最大角度，再轻轻一扯，就可以轻松地撕下一页。

我会直接把照片、广告和不喜欢的连载小说等页面用上面的方式撕下来。读杂志并不一定要按顺序从头读到尾。像这样读完就扔，只留下未读的几页，能更好地把握未读页数。

第二，在家或公司里把想看的几页撕下来带到外面。只要对折两下，就可以把书页放进西装的口袋里，在人满为患的地铁里也可以轻松地拿出来阅读，下了车就可以直接扔掉，这可真是轻量化的极致。

现在有很多杂志是用订书钉固定书页的，这种情况对应的解决方式有些不同：撕的时候离开装订线一段距离，就不会把对应的那一页一起撕下来了。使用**不锈钢尺**压住边缘撕取会更简单。

采用这两个方法，可以让杂志更便携。只要将想看的报道折叠好放在口袋里，就可以两手空空地散步、喝茶。

学会了如何熟练地撕杂志或报纸，也会对制作剪报有帮助，比如，纵向撕报纸的时候不需要直尺就可以撕得很直。工厂在造纸时会统一纸张的纤维走向，所以或横向或纵向，总会有一个容易撕开的方向。不信的话，可以拿身边的纸巾试一试。

除了报纸，书本和杂志的纸张纤维走向也大多是纵向的。只要知道这些，在电车里也能轻松地开始制作剪报：把报道纵向撕下来放进口袋里，带回家熟读一遍，并剪去多余的内容，贴在笔记本或剪报本上即可。

即使用便利贴或马克笔做上记号，之后也有可能会忘记剪下来，但如果用上这个技巧，就可以一边读杂志或报纸一边徒手做剪报了。

12　不能小看的有声学问

就像此前说的，对较难的内容，要先找"软肋"。从这个角度看，知识的获取途径并不仅限于读书。有时候针对某个领域，听演讲、看视频比读书更合适。所以，有声图书也是一种"软肋"。通过耳朵进行思想输入，得到的刺激一定与看书时不同。

不过最有效果的，还是在现场听到的。去参加研讨会和演讲会是非常主动的行为，所以更容易记住。而且在参加活动的过程中，你会同时用到视觉、听觉和嗅觉，这比只听声音更让人印象深刻。

大型连锁书店会定期邀请作家举办演讲或研讨会，如果想去，可以定期查找这方面的活动信息。而各地的企业大厦会举办演讲活动，大学也会开设公开讲座，只要多去官网看看就知道。

如果不想为这件事花钱，也可以多加注意，找到可以免费参加的演讲会或研讨会。比如在日本，各个代表活动团体相应的活动领域如下：

- **商工会议所：商务、手工、人事、人才培养**
- **日本贸易振兴机构：贸易、国际商务、海外投资**
- **自治体：文化、历史、趣味、健康**
- **博物馆、美术馆：文化、历史、学术**

做笔记的方法和读书笔记一样，都是"葱鲔火锅式"的。这就像跟讲师对话一样，〇后面是演讲者发言，☆后面是自己的感想，两者交互写在笔记本上。由此看来，笔记并不只是单纯的听写本，也是重要的思想仓库。

13　准备一支你想珍藏的钢笔

为了写读书笔记，我建议准备一支陪伴自己工作的钢笔（见图5-8）。用起来舒服的笔肯定比随手拿来的普通圆珠笔好多了。

对我来说，钢笔是读书笔记用笔的不二之选。德国品牌百利金旗下"帝王"系列的一款钢笔可以写出笔触较有分量的文字，正好适合用来踏踏实实地写读书笔记。用这支笔写字时既有充实感，又能在日后重读的时候感受到乐趣。

图 5-8　关键时刻使用的钢笔
图为我最爱的百利金"帝王"系列。用这支笔写字时会有种"闪亮登场"的感觉，因此让人精神一振。心情好了，摘抄自然也会变得顺利。

另外，使用用起来比较麻烦的笔，比如钢笔或铅笔等，会更容易激发干劲。据说作家杜鲁门·卡波特在写作前就会先用小刀削几支铅笔。削好一打左右的铅笔以后，他才会觉得"好，差不多该写稿子了"。大概在卡波特眼里，削铅笔就是调动起工作热情的方式吧。

心理学家指出，出于大脑构造的原因，简单作业的过程会带动起人们的热情，使其专心致志地投入工作，这就是工作热情。晚上收拾好房间以后反而会变得精神饱满，也是因为这个原因。

在我眼里，钢笔是最适合带动工作热情的文具了。想要写点什么的时候，可以先观察和调节出水状况，然后吸足墨水、用纸巾擦掉多余的污迹。虽然准备起来工序很多，但从激发工作热情这一点来讲，钢笔比其他更顺手的笔更适合写字。而且，保养和维护自己喜欢的工具也是很令人惬意的，这一点只要看机动车迷对自己的爱车有多爱不释手就知道了。

14 名言要贴在显眼处

遇到让你深受感动的某句话时，就应该一字不差地记在读书笔记里。尽管只要重读几遍就不会轻易忘记，但我还是推荐下面这个方法，它可以把这句话更深刻地印在脑海中。

如果一本书中有句话让你觉得"一辈子都不想忘记"，可以把这句话复印下来，用透明胶带贴在桌上，笔记本的封面、文件夹等收纳用品的表面也都是适合贴名言的好地方（见图5-9）。

在日后的生活中，我们每次看到贴着名言的东西，就会习惯性地注意到上面的内容。通过这样的行动，名言拥有了强大的存在感，十分吸引眼球。

**图 5-9　在笔记本的
封面上贴名言**

剪下复印好的文章，用
透明胶带贴好。既然是
想要铭记于心的名言、
令你深受感动的文章，
当然要放在显眼的地方。

你想把名言贴在手机背面、笔记本电脑上也可以，把
文字贴在这么显眼的地方是很需要勇气的，我相信，这样
做一定会更有效果。

15　读后感从摘抄开始

写读后感的时候，先摘抄一段文章再写评论会比较容
易下笔。这是"葱鲔火锅式"读书笔记的做法，也是书评
的写法。

写文章时遭遇了瓶颈，**可以尝试先把喜欢的文章抄写
下来**。在抄写的同时，想写的东西就会从脑中不断涌出。

从引用开始写文章，避免了无话可说的情形，即使抄写不用动脑，也一样可以促进文章的写作。

有位作家说过，"**引用是魔杖**"。引用文章不仅可以增加说服力，还更容易组织文章，会让下笔更流畅。

16　用复印机让读书更方便

读书笔记的作用就是在读过自己感兴趣的书以后总结内容、写下感想，所以，重读几次读书笔记，说不定就能遇到有利于工作甚至是人生的好想法。

在想不出创意、下不了决断的时候，都可以通过翻阅读书笔记来找到解决方法。这个时候方便的复印机就能派上用场了。如果在重读的时候看到符合自己想法或是能带给自己灵感的内容，都可以先复印下来。把过去的读书笔记中自己感兴趣的内容都按照这样的工序复印一遍以后，就可以只研究复印件了。

整理好复印件，就能整理好自己的想法。我被邀请写稿却又毫无头绪时，就会进行这样的工序来寻找灵感。复印好几十张资料以后，我会带着这些笔记去咖啡馆或图书馆慢慢阅读，在这些资料里发现灵感，并把自己的构想记录在笔记本里：

　　"啊，这次就以这本书的主题为基础写文章好了。"

　　"这份笔记似乎可以拓展为一篇文章。"

　　"这句话或许可以用在文章里。"

　　通过认真阅读笔记复印件，脑子里的信息和知识一一得到了清点。从这本复印的笔记展开思考的话，即使是平时没有留意的主题，也可以写出 10 页左右的文章。

17　用"独创版权页"记录书的履历

　　书的最后部分都有版权页，这一页上记录了作者名、出版社名、发行日期和版次（再版的次数），就像书的简历一样。如果在买下一本书以后继续记录它的履历，那么关于这本书的一切都会一目了然。

　　具体来说，就是将书中原有的版权页变为自己的"独创版权页"（见图 5-10）。如果没有书写的空间或者不想直接写在书上，可以用大一点的便利贴贴在书里。拿我最近买到的书举个例子，写在版权页上的内容是这样的：

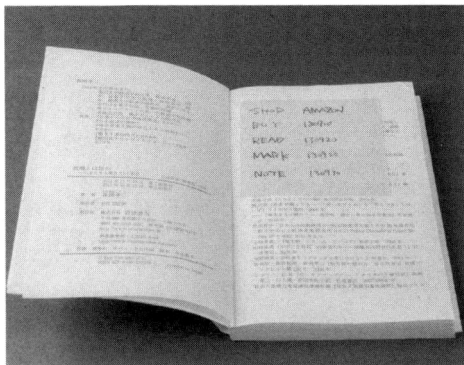

图 5-10　最近购买的书中的"独创版权页"

版权页本身就记录了很多信息，如果再加上书到手以后的数据，那么就能通过这一页知道更多信息。这就是一份履历书，讲述自己是在哪里、如何与这本书相遇的。

SHOP　○○书店梅田店（购书店铺）

BUY　130725（购买日期）

READ　130813（阅读结束日期）

MARK　130820（标记结束日期）

NOTE　130901（制作读书笔记日期）

看到这些，你就会知道这本书是 7 月 25 日入手、8 月 13 日读完、8 月 20 日做完标记、9 月 1 日制作读书笔记的。

通过推论，我知道我用一个多月就做好了读书笔记，说明买到书以后没怎么放置就做好笔记了，从这点看，这样的记录是很有意思的。另外，从"独创版权页"上还可以得知，如果想看这本书的读书笔记，可以直接去找 2013

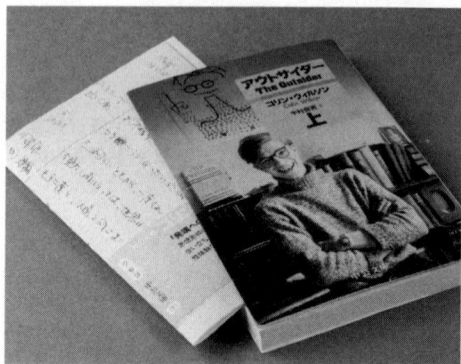

图 5-11 把读书笔记的复印件夹在书里

在把书收到书架上之前，把读书笔记的复印件夹在书里，可以在重读的时候直接参考读书笔记。

年9月1日的笔记。

如果你有兴趣，也可以把价格和购买动机都写在版权页上，但为了节省精力以便长期坚持，只写上述内容就够了。

18 书与笔记交叉使用

如果家里有可以复印文件的多功能打印机，可以在做完读书笔记以后直接复印一两张，把复印好的读书笔记夹在读完的书中，收纳在书架上，这样每次抽取这本书后都可以直接参考读书笔记（见图5-11）。如果在复印件上标好笔记编号，甚至可以在参考复印件的同时找到读书笔记的原件，进行整体、全面的参考。

你想重读某本书的时候，在抽出原书的同时就可以看到读书笔记的复印件，由此找到读书笔记的原件，同时看到读书笔记里当时报纸上的消息……这就是由重读引发的一连串思考。

既然有时候看了读书笔记会想再看看原书，那么自然有时候在看过原书后又会想看读书笔记。就这样，我们可以交叉使用书与笔记，让读书生活变得更加丰富。

19 书架是读书生活的基地

在我的书房里，书架占了一面墙的空间。它的尺寸刚刚好，一眼望去就会知道想要的书放在哪里。

虽然我平时不怎么整理书架，但一定会分出如下几个区域：

① 爱读之书一角

我把读起来最方便、取放书最容易的位置留给了喜欢的书。这个区域只存放我眼里**超一流的书**，比如最近读过后深受感动的书、以前读过很多遍的发人深省的书、读过以后让人头脑清醒的书和失落的时候可以激励自己的书。

② **废弃书一角**

与爱读之书一角相对的这片区域是最偏僻、最底端的空间。书架被塞满的时候，就从所有书里挑选出10本左右**再也不会读**的书，放进这个区域。放在这个区域里的书不久以后就要被扔掉或是卖给旧书店了。

③ **读书笔记一角**

这个区域放了30本左右**最近写的读书笔记**。读书笔记也需要经常参考，所以也要放在比较方便拿的位置。读书笔记可以让人了解你这几年的读书生活，也算是日记的一种。所以要经常读读放在这里的读书笔记，找找还想重读的书。

规划出这三个地方，就可以省去很多整理的时间。我的读书生活都集中在这组书架上。不管是什么事，只要跟书有关，都可以在这个书架上得到解决。

你也一样，不管遇到什么疑问都去书架上找找看，只要养成这个习惯，自然可以提高读书的"劳动生产率"。无论是书还是读书笔记都能得到更频繁的运用，自己的读书效率也会随之提高。

附录

写读书笔记的 26 款实用文具

No.1	普通笔记本
制造商	国誉 S&T
商品名	Campus 系列笔记本（A 格 /B 格 /C 格）
用途	读书的每一步

　　图为在学生中很常见的笔记本。选择笔记本时，它的自身品质和带来的满足感固然很重要，但也要注意是否容易买到、价格是否能接受。没错，成本和采购难易度都是不容忽视的。在这里，我推荐国誉的这款笔记本。当然，我不是说其他品牌的笔记本不好，只要结合常用提包的大小、是执行内勤还是外勤多等生活状态挑选大小合适、设计美观的笔记本来使用就好了。A6 和 A5 大小的笔记本比较容易放进书架，便于保存和参考。

No.2	较粗的自动铅笔
制造商	白金钢笔
商品名	Press Man
用途	写笔记、做记号

　　顾名思义，Press Man 是适合撰稿人、记者等需要做记录的工作者使用的自动铅笔。0.9mm 的铅芯比一般铅芯粗，稍微施压也不容易断裂，因此书写时不用过于小心。在电车里或外出时使用普通水笔很容易把衣服弄脏，但使用自动铅笔就不会出现这种问题。用自动铅笔在书或文件上做笔记时，需要用力画出粗一点的线条，这样笔迹才不容易被周围的文字遮盖。我在餐桌和床边放的2B铅笔都是比较粗的。

No.3	笔迹流畅的签字笔
制造商	百乐
商品名	Super Puti
用途	写笔记、做记号

　　选择书写顺畅的笔能够让手写变得轻松。除钢笔以外，就属签字笔的摩擦力最小。小说家保坂和志就是用这种"中头"签字笔完成原稿的。不管是哪个品牌的签字笔，书写都很流畅，价格也很合理。图中的"Super Puti"系列分为粗头、中头、细头三个种类，可以根据自己的需要任意选择。

No.4	一支可以画出各种线条的软头笔
制造商	派通
商品名	多笔触签字笔
用途	写笔记、做记号

　　这种笔的笔尖可以像毛笔一样变形，只用这一支笔就能写出从极细到较粗的不同笔画。用软头笔写字会很省力，所以我经常用它来抄文章、写评论。软头笔画出来的线有着独特的起伏，在书上做记号是很醒目的。推荐选择几个喜欢的颜色一起用，根据心情换颜色。每次重读都用不同的颜色标注，还可以提醒自己重读了多少次。

No.5	笔迹流畅的水性圆珠笔
制造商	派通
商品名	Pentel 圆珠笔
用途	写笔记、做记号

　　本书中经常会出现需要手写的情况，即使书写量不大，这种单调劳动也是很辛苦的。这个时候可以准备很多类型的笔轮流使用，也许就能让心情变好。不管多便宜的笔都会给字迹带来变化，而享受这些字迹的转变也是写读书笔记的一个乐趣。我尤其推荐书写省力的钢笔、笔芯较软的铅笔和笔迹顺畅的圆珠笔，这些都不会为书写增加负担。

No.6	可作马克笔用的彩色铅笔
制造商	三菱铅笔
商品名	Dermato 制图笔
用途	做记号

　　图为纸卷彩色铅笔。拉紧棉线勒出一个缺口，再从缺口处把纸条一圈一圈取下，露出铅笔芯，就可以使用了。用这种笔就不再需要转笔刀了。拿着荧光笔或签字笔读书，一不留神笔尖就会干，但用铅笔就不用担心，可以安心地把心思投入读书之中。所以说，用铅笔来核对笔记、推敲和矫正文章再合适不过了。纸卷铅笔比普通铅笔的笔芯要软一些，可以在光滑的纸面、胶片和塑料表面上书写，所以在彩印等文件整理工作和业余DIY中得到了广泛应用。

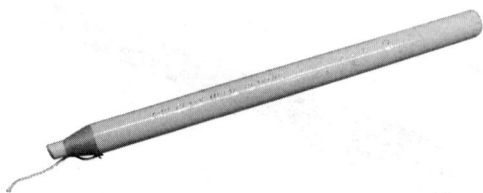

No.7	显色良好的检查用笔
制造商	施德楼
商品名	Textsurfer
用途	做记号

　　这种笔和荧光马克笔一样，是用来在书本和报纸书评上做记号的。不同的是，检查用笔不会像荧光笔那样让墨水渗进纸张里，而是像蜡笔一样浮在纸张表面，这也是检查用笔的一大优点。有了这种笔，便可以安心地在纸张较薄的书本或词典上做记号，而且这种笔在纸上写字时的触感也很奇特，可以为单调的书写步骤增加一丝乐趣。

No.8	彩笔
制造商	Sunnote
商品名	书写用细头彩笔
用途	做记号

　　阅读纵向排版的书籍时，用普通的荧光笔很难画线，后来我终于找到了这种彩笔。因为使用了水性的彩色墨水，这种笔显色会比较淡，虽然不适合写字，但刚好适合做记号。在纵向排版的书上画线时，只要把笔稍微放倒一些，就可以呈现荧光笔的感觉。这种笔也适合在读书笔记和书评报道上做记号。

No.9	可以放心使用的圆珠笔
制造商	三菱铅笔
商品名	标准型太空笔（弹跳式）
用途	写笔记、做记号

　　图为在真空和水中都可以写字的"加压式圆珠笔"。把它跟防水笔记本组合在一起的话，不管是在洗澡还是潜水的时候都能写笔记。这种笔还能经受住笔尖向上书写文字的考验，所以在仰躺着的时候写字也没问题。如果出门只能带一支笔的话，我会毫不犹豫地选择这一支，因为它最结实可靠。以前我曾经不小心把笔夹在衣服里丢进了洗衣机，但是直到洗衣机脱完水圆珠笔都完好无损，实在是太让人放心了。

No.10	小型荧光膜便利贴
制造商	住友 3M
商品名	撕不破便利贴（细长型透明索引贴）
用途	做记号、书签、检索

　　这种便利贴颜色亮丽显眼，所以除了做书签以外，基本上都是贴在书里做记号用的。曾经参考过的内容有再次参考的可能，所以我们可以把便利贴留在当时的位置上，日后再找起来就会很轻松。我推荐这种不容易损坏的小号便利贴。至于用法，最好是买很多放在家里每个角落，再放一些在钱包里，这样不管到哪里都可以使用了。

No.11	便携式便利贴
制造商	住友 3M
商品名	便利贴式迷你笔记本
用途	摘抄、笔记

　　图为专为外出携带设计的便利贴。有厚纸板做封面，便利贴就不容易受外力折损了。而且这种便利贴只有口袋书的一半大小，可以轻松地放进衬衣口袋里，便于收纳。当你不方便把笔记本拿出来书写的时候，这本便利贴就可以发挥它的作用了。把想写的内容写在便利贴上，之后再贴到笔记本上就好。另外，这种便利贴还有横线和方格的款式，在书的内页里贴上四五张，就可以直接用来摘抄和做笔记了。

No.12	**整张可粘便利贴**
制造商	国誉 S&T
商品名	Dot liner 百事贴
用途	摘抄、笔记

　　图为整张都有黏性的便利贴。跟普通的便利贴相比，这种便利贴贴好以后很少打卷，不易剥离，所以适合贴在笔记本或书籍封面上作标记用。不愿在书上写写画画的人可以事先把便利贴贴在书上，再进行书写，就不会在书上留下痕迹了。做好笔记的便利贴还可以在制作读书笔记时转移到笔记本里。跟普通便利贴相比，这种便利贴的纸质稍硬，可以做书签。

No.13	卷筒型便利贴
制造商	大和
商品名	卷筒型便利贴
用途	摘抄、笔记

　　图为新奇的卷筒型可粘便利贴，使用时可以任意撕取需要的长度。市面上的卷筒型便利贴分为有便于撕取的针孔线和没有针孔线两种类型。虽然这种便利贴有些重量，不方便携带，但还是适合遮盖某些内容、公布一些小消息、为文件盒贴标签等做记号的工作。虽然可记录的空间较小，但也可以勉强写些简短的内容。这种便利贴的唯一优点就是不易剥离。

No.14	便携式双面胶带
制造商	国誉 S&T
商品名	Dot liner
用途	剪报

　　现在双面胶带逐渐取代了胶棒，成为现代办公必需品。在本书中，双面胶带主要用来将报纸、杂志书评和感兴趣的广告贴在笔记本里。根据黏着力和便携性的不同，双面胶带可分为多个种类。如果每个种类都收集一个，一定会在很大程度上方便读书生活，比如便携式的双面胶带可以带出门，到咖啡店做剪报。除了把纸张贴进笔记本里，这种胶带还可以贴在打印纸的四角，将纸贴到门或墙壁上做公示。

No.15	不干胶胶棒
制造商	住友 3M
商品名	不干胶胶棒
用途	剪报、笔记

　　图为只要简单涂几下就能让普通纸张变成便利贴的胶棒。用不干胶胶棒涂过以后，普通纸张也能做到重复粘贴，换笔记本的时候可以轻松地将其撕下来贴到别的笔记本上。涂得厚一些的话，也可以加强黏着力，达到普通胶棒的效果。在已有背胶的便利贴纸上用胶棒再涂一遍，可以防止便利贴纸掉落。

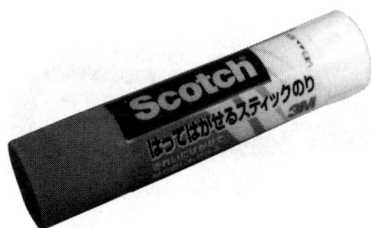

No.16	只切一页纸的美工刀
制造商	HILTEX
商品名	安全魔术美工刀
用途	剪报

　　图为丹麦制造的一页纸美工刀。这款美工刀的前端附有极小的刀刃，在想要撕取的书页上轻轻一按再一划，就可以从杂志或报纸上精确地切下一页纸。又小又薄的特性让它十分便于携带。与其说它是实用物品，不如说它是一件可以带来快乐的小东西。报纸或杂志的纸张纵向撕取很容易，但是横向撕取就会很难，这个时候就需要这款巧妙的美工刀了。日本的刀具商也制造了类似的刀具，有签字笔型的，还有可以按曲线裁剪的。

No.17	不锈钢尺
制造商	Lion 办公用品
商品名	不锈钢直尺
用途	剪报

　　虽然不知道这把尺子原本的用途是什么，但就撕取纸张来说，它的威力是巨大的。一只手把直尺压在想要切断的直线上，稍微施力，另一只手把书页掀开，从上到下撕扯，就能撕得很整齐，可以缩短不少做剪报的时间。在撕取纸张时，最好选用比较尖锐的金属直尺。

No.18	带孔票夹
制造商	三矢
商品名	带孔票夹
用途	阅读、摘抄

　　看书的时候为了空出两只手，我会这样夹着书。恐怕热爱藏书的人不会同意我的做法，但是平装书只要在书的中央这样一夹，就可以保持打开的状态了。要把书中的内容抄写到笔记本上时，或者参考书本在电脑上查找东西时，都可以用这种便捷的方法。当然，比起金属票夹，塑料票夹对书的伤害小一些。

No.19	书法用镇纸
制造商	大阪教具社
商品名	玻璃镇纸
用途	阅读、摘抄

　　我找了很多可以让书页保持打开状态的工具，试了许多，最后还是觉得这个好。只要把这种玻璃镇纸的一端放在书页上，就可以利用杠杆原理结结实实地固定住书页。如果书本太厚，镇纸会容易掉落，可以像照片里一样在两端涂上橡胶用黏合剂防止滑落。

No.20	让人爱不释手的读书架
制造商	宜丽客
商品名	宜丽客读书架
用途	阅读、摘抄

　　没有读书架并不会有什么影响，但是只要用上一次，你就一定会爱上它。图中的宜丽客读书架就以坚固著称，用起来也很顺手。把书放在读书架上，你就可以解放双手，吃些零食。这种读书架对平装书、图鉴和字典等都完全适用，但美中不足的是无法固定住尺寸较小的书籍。另外就算把固定用的两个钩子都收起来，也会比较占空间，所以最好在计划好放在哪里之后再购买。

No.21	便携读书架
制造商	爱迪生
商品名	读书架
用途	阅读、摘抄

　　图为以便携为卖点的读书架，可以由原始的棒状形态迅速组装成立体的读书架。虽然不需要带出门使用，但在抄写文章、边看书边向电脑中录入的时候使用也是十分方便的。普通的读书架无法折叠，但这种读书架可以折起来放进书架，非常节省空间。这样的商品也是不错的礼物选择。

No.22	用于昏暗处的读书灯
制造商	Lumatec
商品名	读书灯
用途	在昏暗的地方阅读

　　图为美国生产的读书灯，只要安上四节七号电池就可以使用100个小时。这种读书灯的照射范围只有书本的面积那么大，因此即使旁边有人睡觉也完全不会打扰对方，这是与普通台灯完全不同的优点。这种灯不只自带底座，看书的时候还可以把书固定在读书灯上的夹子上。虽说读书应该尽量选择明亮的场所，但如果熄灯后还想读小说，那么这盏读书灯确实会让人安心。

No.23	令人不易疲劳的椅子
制造商	冈村制作所
商品名	Contessa 办公椅
用途	阅读、摘抄

读书可以躺着读，但写字就必须用到桌椅了。我本来并不喜欢昂贵的家具，但买过之后才发现，一张好椅子对办公作业而言是多么重要。当然，说是昂贵，也没有哈雷摩托车那么贵，所以，先不要想需不需要换椅子，可以先去体验店试一试。在撰稿人、设计师等需要坐着工作的职业人士中，除了这把冈村制作所的办公椅以外，美国生产的艾龙办公椅也备受好评。

No.24	书山的好伙伴"一字板书架"
制造商	Sapiens
商品名	书架
用途	堆书、保存

这是我在购物网站看到后凭冲动买下的书架。这种书架可以把书堆得高高的，即使想从"山腰"取出想要的书，也可以轻松拿出。现在我正在把这组书架当作我的书山使用，旅行前一天从中选择十本左右正在阅读的书，就算随便抽取也不用担心发生"雪崩"。你可能会问"这不就是个放东西的平台吗"，没错，不喜欢堆书的人可能理解不了这种书架的好处吧。

No.25	厨房定时器
制造商	百利达
商品名	震动提示定时器
用途	时间管理

　　为了获取信息而阅读实用技巧书时，可以用定时器设置1小时后提醒，这样就能专心致志地速读了。你可以一边用余光看着定时器里的倒计时，一边调整读书的节奏，神奇的是，只要计划好了，就真的能在约定时间前三分钟读完。这就是定时的效果。图中的定时器还可以转换为震动模式，这样在公司、图书馆、地铁或宿舍里就不用担心打扰别人了。

No.26	电子词典
制造商	卡西欧
商品名	EX-word
用途	调查

　　图为我在八年前购买的"XD-GT6800"。这款电子词典收录了很多日语相关的词典和百科全书。如果养成了用电子词典查信息的习惯，不管是读书还是旅行，你都会对电子词典爱不释手。为了能让电子词典成为读书的好伙伴，应该注意购买收录了百科全书的电子词典，如《大英百科全书》等，还可以自行添加其他工具书。为了扩展兴趣爱好，多多利用电子词典吧。

后 记

我平时只喜欢根据自己的兴趣选择图书，也只会按照自己喜欢的方式阅读并做笔记，因此，要在这里系统地说明读书方法，对我来说还是有些难度的。在重编本书完全版的过程中，我再次感受到了这种难度。

这次重编，重点在于介绍如何用笔记本把书真正消化掉这一读书方法。本书中列举的，都是基于我个人经验而得出的方法，如果读者们觉得自己习惯的做法比作者介绍的有效也没关系，这些内容仅供参考，如果能有一部分帮到你，作为作者我也会感到很荣幸。

但是，我还是要自负地对读者们说，在这本书的内容中，有一点肯定能帮助你读书，那就是把笔记本带到读书生活中。

为了方便说明，本书把读书分成五个阶段，全部写完以后，让我感触最深的是，读书生活的每一个情景都应该用笔记本来充实。

读书是与感兴趣的书对话，是上班路上的自我充实，是每次去书店时的期待，是睡前温馨的陪伴。也就是说，在爱书之人的眼里，读书就是生活的全部。

当你读完这本书，请一定要尝试在读书的时候带上一本笔记。

也许你已经习惯把"书"和"自己"当作读书生活中的两大要素，那不如让"笔记本"成为读书的第三要素。这样就能多产生"笔记本与自己""笔记本与书"这两种联系，使"书与自己"的联系变得更奇妙。

我们知道，读书生活可以改变看待世界的眼光。而把书评和广告等与书相关的信息做成剪报贴在笔记本里、摘抄文章、把书腰贴在读书笔记里或是重新阅读，都是让读书生活更有层次、更加深刻的必要过程。

做好读书笔记能让读书生活更加充实，还能提高找书、读书和活用的水平，让读书生活更加愉快。写读书笔记可以改变读书方法，而读书方法的改变又会带来思考方式的转变。

如果你也想见证这段神奇的转变，那就从现在开始，随时把笔记本带在身边吧。就算是三言两语也好，在笔记本里写出自己的心里话。如此简单的一个步骤，就可以让我们读过的书不再被束之高阁，而是成为可以运用的东西。

这次完全版的重新编制，受到了钻石社的市川有人先生和Appleseed Agency的宫原阳介等人的多方支持，非常感谢。在这里，我还要感谢读到最后的读者们，谢谢你们。

奥野宣之

出版后记

你会读书吗？

读过的书，你能记得多少呢？

本书作者、以对读书法的大量研究和经验闻名日本的"笔记本作家"奥野宣之向读者们提出了这样的问题。他表示，一味盲目阅读等于没有读过，而数码产品的发展在为我们提供便利的同时也让我们变得越来越懒惰，让我们的读书生活变得低效而流于表面。

当读书成为生活中的一种常态，它便需要整理与收纳的技巧。奥野宣之是这方面的专家，他崇尚返璞归真的"笔记读书法"，让笔记成为读书时的标配。在本书中，他依次介绍了选书、购书、写笔记、重读笔记以及活用笔记的方法。在他的经验中，笔记不只是摘抄和剪报的平台，还是能让人更有效地管理自己读书生活的工具。养成做笔记的好习惯后，在电脑上建立笔记检索机制，便能自我监督，掌握读书进度。比起旧版，完全版增加了一章，专门介绍进阶级别的实用读书技巧。

作者还把做笔记从兴趣发展为乐趣，因为好的读书体验要营造舒适的读书环境，不能缺乏好的辅助工具，也要选用合适的文具。如果你能像他这样爱上做读书笔记，不光在读书时，在外出旅游，或任何一个灵光一闪的时刻，思考与记录都能让你不会与生活中的新知和美丽失之交臂。

服务热线：133-6631-2326　188-1142-1266

服务信箱：reader@hinabook.com

后浪出版公司

2016年1月

图书在版编目（CIP）数据

如何有效阅读一本书:超实用笔记读书法 /（日）奥野宣之著；
张晶晶译. — 南昌:江西人民出版社,2016.6（2021.3重印）
ISBN 978-7-210-08297-2

Ⅰ.①如… Ⅱ.①奥… ②张… Ⅲ.①读书笔记
Ⅳ.①G792

中国版本图书馆CIP数据核字(2016)第070999号

DOKUSHO WA 1–SATSU NO NOTE NI MATOMENASAI
by NOBUYUKI OKUNO
Copyright © 2013 NOBUYUKI OKUNO
Chinese (in simplified character only) translation copyright © 2016 by Ginkgo
(Beijing) Book Co., Ltd.
All rights reserved.
Original Japanese language edition published by Diamond, Inc.
Chinese (in simplified character only) translation rights arranged with Diamond,
Inc. through BARDON–CHINESE MEDIA AGENCY.

本书简体中文版由钻石社授权银杏树下（北京）图书有限责任公司出版。
版权登记号：14-2016-0038

如何有效阅读一本书

著:（日）奥野宣之　译者:张晶晶　责任编辑:胡滨
出版发行:江西人民出版社　印刷:北京汇林印务有限公司
889毫米×1194毫米　1/32　8印张　字数113千字
2016年6月第1版　2021年3月第17次印刷
ISBN 978-7-210-08297-2
定价:36.00元
赣版权登字 –01-2016-131

后浪出版咨询(北京)有限责任公司常年法律顾问:北京大成律师事务所
周天晖 copyright@hinabook.com

《阅读整理学》

日本百万畅销书作者最新力作
帮你突破已知信息的禁锢
一次扫清影响阅读品质的不良习惯！

著　　者:（日）外山滋比古

译　　者:吕美女

书　　号: 978-7-5502-3152-8　　页　数: 208

出版时间: 2014.10　　　　　　　定　价: 25.00元

什么是真正的阅读？盲目地读完一本又一本，真的比不读书好吗？在高速运转的信息时代，越来越多的人已经迷失了阅读原初的意义和本真的快乐。

在本书中，语言学大师外山滋比古并不教你如何快速地从书本中榨取信息，而是让你静下心来，重新思考阅读的方向和意义。外山滋比古认为，阅读应该分为两种类型，一种是阅读已知信息的 α 型阅读，一种是阅读未知信息的 β 型阅读。他指出，虽然大部分人更偏爱轻松愉快的 α 型阅读，但具有挑战性的 β 型阅读才是让人打开大脑、收获新知的最佳途径。他还从多年教育经验出发，向读者传授了诸多将 α 型阅读转化为 β 型阅读的实用技巧。读过本书你会发现，"音读""素读""读古典"等已经被人遗忘的传统阅读方式，恰恰是帮你开启 β 型阅读大门的金钥匙。让我们跟随这位阅读大师的指引，摆脱海量信息的纷扰，细细品味阅读中那些与我们渐行渐远的艰辛与欢乐。

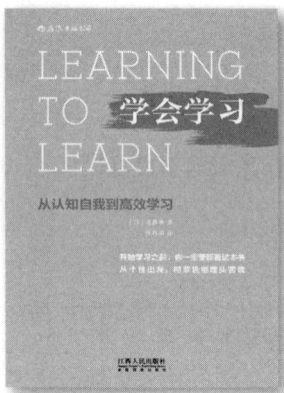

《学会学习》

好方法比努力更重要
从个性出发
找到学习的制胜关键

著　者：（日）斋藤孝

译　者：张祎诺

书　号：978-7-210-08170-8　　页　数：240

出版时间：2016.03　　　　　　定　价：32.00元

　　有人早上念书头脑最清晰，有人晚上背单词效果最好；有人闭关，有人在咖啡厅；有人躺着读，有人要大家一起读。你适合哪一种学习法？在本书中，作者既总结了十六位杰出人物的学习方法，又分享了作者自身的学习技巧。旨在为找不到适合自己学习方法的读者提供启示。

　　发现特洛伊遗址的谢里曼，凭借自身独特的外语学习方法，阅读大量原文古籍，从而推测出特洛伊遗址的可能地点。日本畅销作家村上春树，用长跑的方式打造强健体魄，长期坚持小说家的职业生涯，接连写出畅销书籍，等等。他们在人生中也曾遇到过关键性的转折点，使他们成功转变就是其独特的学习方法。

　　在这些学习方法中，你一定可以找到适合自身情况、能够长期坚持的方法。亦可在作者的基础上推陈出新，打造出属于自己的学习法则。